U0561136

国家社会科学基金“十三五”规划2016年度教育学一般课题“基于核心素养的小学‘读整本书’课程实施与评价体系研究”（课题批准号：BHA160150）成果

大夏书系｜阅读教育

小学整本书阅读教学

李怀源 著

——从知识储备走向素养训练

华东师范大学出版社
·上海·

图书在版编目（CIP）数据

小学整本书阅读教学：从知识储备走向素养训练 / 李怀源著.
— 上海：华东师范大学出版社，2025. ISBN 978-7-5760-6114-7

I. G623.232

中国国家版本馆 CIP 数据核字第 2025QS5761 号

大夏书系 | 阅读教育

小学整本书阅读教学：从知识储备走向素养训练

著　　者　李怀源
策划编辑　卢风保
责任编辑　万丽丽
责任校对　杨　坤
封面设计　奇文云海 · 设计顾问

出版发行　华东师范大学出版社
社　　址　上海市中山北路 3663 号　邮编 200062
网　　址　www.ecnupress.com.cn
电　　话　021-60821666　行政传真 021-62572105
客服电话　021-62865537
邮购电话　021-62869887
地　　址　上海市中山北路 3663 号华东师范大学校内先锋路口
网　　店　http://hdsdcbs.tmall.com/

印 刷 者　北京密兴印刷有限公司
开　　本　700 × 1000　16 开
印　　张　16.5
字　　数　244 千字
版　　次　2025 年 6 月第一版
印　　次　2025 年 6 月第一次
印　　数　5 100
书　　号　ISBN 978-7-5760-6114-7
定　　价　69.80 元

出 版 人　王　焰

目 录

contents

第二章　整本书阅读教学设计

第三章　整本书阅读教学案例

第四章　整本书阅读教学的学校行动

前言　从知识储备走向素养训练

读书是中国教育的头等大事，从国家的课程设计到家庭的教育规划，都受到了高度重视。2023 年 1 月 12 日，全国教育工作会议强调“要把开展读书活动作为一件大事来抓，引导学生爱读书、读好书、善读书”。爱读、善读的基础是会读。“爱读书”是指学生具备因阅读而受益的阅读经验，读不通、看不懂、学不到的学生一定不爱读书。“善读书”是指学生在阅读经验的基础上形成了阅读能力，能依靠阅读能力读不同类型的书，并且在阅读中有所收获。

如何让学生会读书？2022 年 4 月 21 日，《义务教育语文课程标准（2022 年版）》（下简称“2022 年版课标”）颁布，把“整本书阅读”学习任务群作为语文课程内容的重要组成部分。与之前的课标和教学大纲相比，这次修订实现了整本书的课程化设计，对读什么书，怎么进行整本书阅读，如何检验读书的效果，做了相对明确的规定。整本书阅读从课外阅读成为名副其实的课内阅读。如果说课外阅读是可选项的话，那现在的整本书阅读就是必选项，每一位语文教师，每一名同学，都必须进行整本书阅读。对于阅读效果，以学业质量作为衡量标准。

整本书阅读的课程化设计，还需要通过具体的实施措施来落地。学校因其特有的教育性，肩负着教会学生读书的使命。但是，在学校中开展的整本书阅读的进程和效果仍存在诸多问题。多数情况下，整本书阅读成为记忆训练的方式，为考点而进行阅读指导。整本书阅读教学，不同的教师有不同的方式，但主要还是在文本的多样化解读方面着力，学生阅读素养发展还处于自发的状态。整本书阅读没有以学生核心素养进行设计与实施，个性化的整本书阅读教学没有给学生提供稳定的教学结构，所以，可迁移运用的概率大大降低。因此，亟须建构适合学生全面发展的整本书阅读实践体系，而这个实践体系的核心是整本书阅读教学理念和实践的转变。

整本书不是学习的知识库，而是素养的训练场。整本书的内容丰富，无论是信息方面，还是思想情感方面，教师进行教学时，往往会把对内容的理解作为主要目标。而实际上，整本书阅读的目的是让学生学习作者的思维方法和表达方式。教学的重点，是通过学生的反思评价，结合书中内容，学习思维方式与表达方法，以解决学习和生活中的实际问题。

整本书阅读为学生提供了复杂的学习情境，通过多样化的联系，让学生学会处理复杂的现实问题，提升学生的核心素养。《司马光》的故事中，年仅七岁的司马光，在同伴掉入水瓮的危急关头，表现出临危不惧和善于解决问题的素养。《宋史·司马光传》中记载："光生七岁，凛然如成人，闻讲《左氏春秋》，爱之，退为家人讲，即了其大旨。自是手不释书，至不知饥渴寒暑。群儿戏于庭，一儿登瓮，足跌没水中，众皆弃去，光持石击瓮破之，水迸，儿得活。"我们从中可以发现，司马光的阅读对他的素养提升起到了关键作用：一是在书中找到榜样，二是在阅读的过程中不断模拟如何处理问题。

整本书阅读不是让学生了解书中内容，而是让学生提高整合反思的能力。学生在阅读的过程中，在理解书中内容的基础上，应该能结合内容，发现作者表情达意的结构方式和语言特色。作者是怎样思考的，整本书的结构顺序就是作者谋篇布局的思维方式的体现。作者是怎样表达的，整本书的语言形式就是作者遣词造句的表达方式的体现。

整本书阅读的主体是学生，而不是教师，教师需要充分了解学生的阅读困难，在教学中及时搭建有效支架，帮助学生学习阅读。阅读是实践性很强的学习活动，学生只有亲身实践了才有可能学会阅读。《小马过河》的故事大家都熟悉，阅读中的学生就像故事中的小马，整本书就像一条河，身为阅读初学者的学生因未知而常常感到恐惧，作为成熟阅读者的教师需要以温和的态度，鼓励学生进行阅读实践与反思，而不是用艰深的思想让学生知难而退。

整本书阅读教学不是教学生获取信息，而是指导学生进行综合实践。整本书阅读教学应该考虑学生、学科和学习的综合特征，根据阅读目的选择阅读图书、制订阅读计划、运用阅读方法、分享阅读心得，获得阅读经验的积累，阅读习惯的养成，阅读能力的提高。因此，整本书阅读教学要整合设计，指导学生进行综合实践，才能达到整本书阅读的目的。

整本书阅读的材料是书，而阅读活动的推进需要设计相应的学习任务，让学生知道以什么角色完成什么任务，在完成任务的过程中，通过处理信息来获得发展。《鲁班学艺》中的老师傅，一次次给鲁班布置清晰的学习任务，从磨工具、伐木、凿孔、拆装模型到建造模型。每一次的效果都可以检验，每一次的任务都需要鲁班自己动脑动手，从而真正学会技能。整本书阅读一定需要学生完成具体的学习任务，在这个过程中，学生不断地思考和表达，建立阅读的结构，从而真正学会阅读。

整本书阅读实践操作模型应是由阅读与鉴赏、梳理与探究、表达与交流组成的基本结构，根据学生年龄阶段和书籍特点进行设计实施。如，《红楼梦》的阅读，在关注故事情节和人物形象的基础上，小学阶段重点研究书中的对联，初中阶段重点研究书中的诗词，高中阶段重点研究人物形象的刻画。以学生的语言理解和社会认知为基础，每个学段都有所侧重。小学阶段阅读、理解、欣赏书中的对联；梳理对联的语言形式，探究对联与人物、景物、事物的关系；能用对联的形式表达个人的所见、所感，并能够与同伴进行交流，分享阅读及创作对联的感受。初中阶段阅读、理解、欣赏书中的诗词；对书中诗词进行分类，探究诗词的内容及形式的特点；能模仿诗词的样式表达个人的所思、所想，并能够与同伴交流，分享阅读及创作诗词的感受。高中阶段阅读、理解、欣赏书中人物形象，梳理人物的类型及关系，探究表现人物的语言规律，能学习用书中的方法描写人物，以作品的形式与同学交流。

分层次的阅读，把中华优秀传统文化与学生的认知能力结合起来，以“语言运用”为切入点和表现性评价的要点，让学生在运用语言中体会语言运用的规律，加深阅读理解，同时，能够把阅读与实际生活联系起来，能够用语言文字进行表达，把学语文与用语文结合起来，把读书与用书结合起来。

设计相对明确的任务情境，让学生有结构地阅读，有参照地表达，以语言运用促进思维提升、审美创造和文化自信。学生不是靠多读书进行自我感悟总结的，而是在有结构的阅读指引下，经过实践练习，获得阅读其他书的本领。

新时代的整本书阅读教学需要从课程与教学论的角度重新进行审视，在传统的读书经验的基础上，建立新的结构体系。有结构、分层次的整本书阅读才有可能实现学生“爱读书、读好书、善读书”的目标。

第一章 整本书阅读教学理念

本章导读

理念，往往是经过长时间的思考和实践形成的，是观念的进一步提升和凝练，包含了更多的理性成分和普遍适用性。概念，是通过观察和实验等实践活动，从具体事物中抽象出共性，然后通过语言进行表达和传播的基本思维单位。理念，常用于指导实践和推动理论的发展，比如教育理念、生活理念等，具有引导性和激励性。概念，主要用于描述、定义和分类事物，是构建知识体系和进行逻辑思维的基础，具有解释性和工具性。理念与概念虽紧密相关，但各有侧重。理念强调的是总体的思想指导和原则性的观念，而概念更注重对事物本质属性的精确描述和界定。

概念是思考的边界，是对事物的共同特点进行概括和抽象化的思维单位。概念是对客观事物一般的、本质的特征的反映，通过抽象化和概括的方式形成。在人类的思维体系中，概念是基本的构筑单位，体现为特定的词或词组，通过语言来表达。“读整本书”是叶圣陶先生在制定语文课程标准、编写语文教材、实践语文教学时提出的概念。“整本书阅读”学习任务群是“2022 年版课标”中提出的概念。“整本书阅读”“整本书阅读教学”是很多老师在交流和习作中常用的概念。语词的不同，透出概念的差别，虽是以整本书为基础，所强调的方向是有区别的。

整本书阅读，主体是学生，对象是整本书，目的是把书读懂、读深、读透，以期从书中获得信息、知识、信念等。整本书阅读教学，主体是老师，对象是学生，目的是把学生教懂、教会、教好，以期学生能够学会阅读整本书，在学习过程中积累经验、掌握规律、寻求榜样、获得成长。

本章内容包含六节，前两节是从历史发展的角度阐释整本书阅读教学的理念，中间两节是从实践的角度整体构建整本书阅读教学的框架，最后两节是面向未来的整本书阅读教学。过去、现在和未来在此处交汇，不但体现了不同时期整本书阅读教学的样态，而且从发展的角度呈现了整本书阅读教学理念的变化，以期读者能够自我构建整本书阅读教学的框架，实现读别人的故事，想自己的人生的目的。

第一节　整本书阅读教学的需求与困境

随着“2022 年版课标”的颁布，“整本书阅读”学习任务群成为语文课程的一部分，从而明确了整本书阅读的课程地位，标志着整本书阅读成为与教科书同等重要的课内阅读。2023 年《全国青少年学生读书行动实施方案》颁布，全国青少年的读书问题从倡议层面走向行动层面，社会各界要投入到为青少年选书、用书、写书、出书、指导读书的行列里，所有学生都要参与到阅读行动中来。这两个文件的颁布，是时代的大事，是国家立德树人根本任务的实质性推进策略，需要全社会重视，也需要学校和教师重新思考和定位阅读。

因为读书是社会生活中“一直”存在的事实，所以，在群体意识里存在着明显的理所当然的观念。大概表现在以下几个方面：阅读是语文老师的事儿，不需要其他学科老师对学生阅读负责；阅读是个性化的事儿，不需要推荐同读一本书；阅读是学生自己的事儿，不需要教师进行统一的指导；阅读指导学生深入挖掘书中内涵，不需要关注学生需求和接受程度……

阅读指导深入挖掘内容，深刻领会内容的内涵是基本的认识，所以，现实中一本《老人与海》，老师带领学生读了 8 节课，还感觉没有完成预定目标。所有的经典作品都像一座宝藏，即使一生用力也未必穷尽其意。我们会发现这条规律：凡是故事写到宝藏，只要想把珍宝都带走的人，一定会和宝藏永久在一起，一件都带不走。读书，也像探宝，不同时期，不同阶段，拿走能带走的就可以了，如果贪心想要把书中内容穷尽，到头来反而会竹篮打水一场空。阅读能带走的东西，取决于学生的生活经验、阅读经验、认知能力和思维水平，而不取决于教师的讲解。

因此，在新时代新形势下，读书这件事，也需要开辟新领域、新赛道，发挥整本书阅读的新动能、新优势。整本书阅读需要更新观念，以阅读课程构建的方式，真正地落实到行动。

“2022年版课标”提出，“倡导少做题、多读书、好读书、读好书、读整本书，注重阅读引导，培养读书兴趣，提高读书品位”[①]，把“整本书阅读”作为六个学习任务群之一，推荐了相应的阅读书目，提出了培养读书兴趣和提高读书品位的目标。然而，整本书阅读教学在探索中也出现了种种问题。首先，像教单篇课文一样教读整本书，偏向于书中内容和主题的探讨，忽略学习任务设计。张心科指出了整本书阅读中存在根据回目梳理内容以及不尊重学生阅读实际、不能合理安排学时的情况。[②] 其次，整本书阅读教学成为记忆和训练考试的方式，为考点而进行阅读指导。整本书成了应试的材料，教师提炼考点，学生记忆，无形中加重了师生的负担，也没有实现以整本书为复杂情境培养学生核心素养的目标。最后，整本书阅读教学效果堪忧。《中小学读写现状调研报告（2019)》显示：学生的阅读实践自我探究更多，而学习到的阅读方法较少。学生还是依靠个人的阅读经验和阅读感悟，并没有在老师教学过程中受益更多。

“在中国语文教育史上，民国时期时代涤荡、变革甚巨，社会各领域思想活跃，在语文教育领域亦是如此。在面对文言文向白话文转型的划时代变局中，在面对西方现代教育思潮对中国传统教育思想的巨大冲击中，当时的语文学界开展了很多的讨论与探索性的实验研究。这些探索对当时的语文教学变革，尤其对白话文教学起到了积极的推动作用，也为后来提供了宝贵的经验和教训。”[③]

---

① 中华人民共和国教育部．义务教育语文课程标准（2022年版）[S]．北京：北京师范大学出版社，2022：3.

② 张心科．《红楼梦》整本书阅读教学[J]．中学语文教学，2021（4)：31–37.

③ 郑国民．二十世纪二三十年代中学语文教学方法的变革[J]．课程·教材·教法，2000（4)：54–58.

因此，重新审视民国时期的语文教学讨论，特别是其中与整本书阅读教学相关的部分，可以吸取经验教训，进一步探清教学的路径，为教学理论研究明确方向，为教学的实际操作提供参照。

一、目标之争：为什么而教

整本书阅读的教学困境，其根源首先在于教学目标不明晰：或者过于重视内容研讨，把文学作品作为现实问题进行探究和讨论；或者把作品作为方法提炼的仓库，总结出各式各样的写作技法。说到底，这与语文教学目标的不清晰有关。关于语文教学目标，早在1923年朱自清和穆济波的论争中就已经明确阐述。

（一）论争的焦点：教育，还是教学

穆济波指出，何仲英讨论初中国文教学一文，谓"'如何为学？如何做人？'这一百二十斤的担子单独加在我们国文教师肩上，小区区便要退避三舍"[①]。他认为，何仲英等人把语文学科的责任过分突出，只拘泥于词句的理解与学习，削弱了语文学科的教育性，与语文学科的目的不匹配。他进而阐释自己的主张："国文国语在教学上的价值，并不只如一般学生与学校办事人所想像之单纯，亦并不如一二教师只墨守'知的教育'而忘去'人的教育'；或空言世界化，而忘去民族精神。"[②]其主张有两个方面：一是语文教学是人的教育，要肩负精神、情感、灵魂的发展，要有国家民族的使命担当；二是要肩负传承本民族精神的责任，不能在"世界化"的语境下失了中华民族的精神。

朱自清认同穆济波不以语文本身为国文教学唯一目的的观点，但他认

① 李杏保，方有林，徐林祥．国文国语教育论典（上）［M］．北京：语文出版社，2014：308.

② 同①：305.

为穆氏将“人的教育”的全付重担子都放在国文教师的两肩上了，似乎要以国文一科的教学代负全部教育的责任了，这是太过了。[①] 朱自清承认语文学科的教育性，同时又指出了语文学科的本质属性。不能因为教育性而掩盖了学科属性，也不能由语文学科承担所有的教育责任。因此，他提出“中等教育的宗旨”原是全部的，不能在语文一科内详细规定。朱自清认为中学国文教学的目的只有两点：(1) 养成读书思想和表现的习惯能力；(2) 发展思想，涵育情感。[②]

宋文翰肯定了朱自清所提出的两条语文教学目标，详细地阐明了理由：“第一，各科的特殊目标所以完成整个的教育目的的。如果各科的目标都完成了，则整个的教育目的亦就完全达到。第二，各科的特殊目标，是根据教育目的随各科的特性而定，各有各的特质，且负有一种为他科所不能负的责任。”[③] 这就说明，教育目的达成是靠各个学科分进合击，而不是语文一科单打独斗，学科教学的首要目标是由本学科的特质决定的。宋文翰认为语文学科的性质和所独备的责任有两条：(1) 阅读；(2) 发表。[④]

（二）论争的本质：个人经验与社会需求的关系

阮真对语文目的之争进行了总结：“自从民国九年以后，有些教育家和国文教师，渐渐注意这个问题了。但都是你定你的目的，我定我的目的。古文派有古文派的目的，新文艺派有新文艺派的目的；科学派有科学派的目的，国学派有国学派的目的；甚至国家主义派又有国家主义派的目的，世界主义派又有世界主义派的目的。”[⑤] 因为立场不同，对语文学科的目的认识不

---

① 李杏保，方有林，徐林祥. 国文国语教育论典（上）[M]. 北京：语文出版社，2014：371.

② 同①：372.

③ 李杏保，方有林，徐林祥. 国文国语教育论典（下）[M]. 北京：语文出版社，2014：465.

④ 同③.

⑤ 饶杰腾. 民国国文教学研究文丛 • 总论卷 [M]. 北京：语文出版社，2016：14.

同。穆济波之所以坚持“国家主义”把全部的教育责任加在教育身上，是因为当时的国际国内形势，国家的积贫积弱，让教育家希望教育救国，希望语文学科能够培养出“平天下”的治国良才。而那些反对把重担都压在语文肩上的多是有一线教学经验的人，他们的理由主要有二：一是语文教师本来负担已经很重，二是语文教学的效果并不理想。

从语文学科的目的之争来看，大家更倾向于语文学科要保持本质属性，完成自己的独特目标——阅读和发表。宋文翰曾有这样的论断：“编者或者教者又须明白：国文教科书所以选史传，选游记，选古人嘉言懿行，甚而选关于讨论社会问题、人生问题的文字，目的并不是在叫学生明了及记忆其内容，是因为文字必附于思想或感情或其他的事迹、自然现象等始具意义，借此以见古人运用文字的技巧及其发表的方式，藉以增进学者阅读与发表文字的能力。”[①]意即语文学科因其特殊性不得不选编各式各样的文本，是由语文的“文字”特征决定的，但是，最终目的不是了解内容，而是了解运用文字的技巧，在具备理解和欣赏水平之后，增进学习者本身的阅读与发表能力，这才是语文学科的最终目的。

二、内容之辨：用什么来教

整本书阅读的教学困境，其次在于处理整本书和选文的比重问题，整本书与教科书的关系问题。

张心科提供的一个整本书阅读教学案例显示，教师根据回目梳理故事情节极易给学生造成所谓“整本书阅读”就是蜻蜓点水、走马观花式地把一本书翻完并了解其概况的错误认知。教师引导学生从回目入手了解《红楼梦》所写的“贾府十大事件”并稍及回目本身的艺术特征，没有关注六项“阅读指导”和完成了其所设置的六项“学习任务”才算是长篇小说的“整

---

① 李杏保，方有林，徐林祥．国文国语教育论典（下）[M]．北京：语文出版社，2014：464.

本书阅读”，因此，张新科认为这几个任务完成了，只能算是对《红楼梦》“初步了解”。[①]

（一）论争的焦点：选文，还是整本

“选本”与整本孰优孰劣在语文教学领域一直存在争议。朱自清认为近世中国学人有一个传统，就是看不起选本。他们觉得读书若只读选本，只算是陋人而不是学人。对于选本不受欢迎的原因，朱自清从历史的角度进行说明，“明朝以来，读书人全靠八股文猎取功名；他们用不着多读书，只消拿几种选本加意揣摩，便什么都有了。所以选本风行一时；大家脑子里有的是文章，而切实地做学问的却少”。他同时认为，“但因此便抹杀一切选本和选家，却是不公道的”。关于选本与整本的问题，朱自清立场鲜明，“就中学生说，我并不反对他们读选本，无论教授及自修。但单读选本是不够的，还得辅以相当分量的参考书和严格的督促”。朱先生不排斥选本，他愿意看到的是“选本”与“参考书”并行的教材体系。

叶圣陶认为“国文教材似乎该用整本的书，而不该用单篇短章，像以往和现在的办法。退一步说，也该把整本书作主体，把单篇短章作辅佐”[②]。从学生的角度而言，在某一时期专读某一本书，心志可以专一，讨究可以彻底，学生就能够养成读书的能力。从通过阅读去学习的角度，学生凭阅读能力，就可以随时随地读其他的书以及单篇短章，这就达到了阅读应用的效果。从终身学习的角度而言，现在学生手里经常拿的是整本的书，未来的他们遇见其他的书也就不至于望而却步，就可以博览群书，不断地提高和发展自己。从课堂教学的需要角度，他认为读整本的书，不但可以练习精读，同时又可以练习速读，是可以综合训练各种阅读能力的。他的结论是，改用整本的书作为教材，对于“养成读书习惯”，似乎有效得多。

余冠英对叶圣陶“读整本书”的观点提出了直接的反对意见：“如以整

---

① 张心科 .《红楼梦》整本书阅读教学［J］. 中学语文教学，2021（4）：31–37.

② 叶圣陶 . 叶圣陶集（第 16 卷）［M］. 南京：江苏教育出版社，2004：58.

本的为教材，绝不能如讲授短篇那么仔细，只能抽出几段来精密剖析。结果等于以几本书的大部分为粗读教材，小部分为精读教材，和以整本的书为课外读物，以其中一部分为课内教材，并无多大差别。而用前法绝不能同时选用许多书做教材，用后法倒可使学生多接触几本书。所以对学生读书习惯的养成，这方法也许是不容小视的。”[①]余冠英认为，从教本引起自由读书的兴趣，假如多用节录的方法从整本书里取教材，一定会有相当的功效。引起兴趣不在于是整本书还是选文，重要的是读物本身能不能有趣。

后来，叶圣陶这样表述：中学语文教材除单篇的文字外，兼采书本的一章一节，高中阶段兼采现代语的整本的书。[②]这次表述与1941年的表述相比，出现了两个“兼采”，是折中的表现，表明了以整本书作为教科书主体的主张已经有所改变，算是对整本和选文作为教材的一个总结。

（二）论争的本质：功能与形式哪个更重要

从语文教材的论争来看，朱自清提出了“选本”与“参考书”并行的教材设想。值得注意的是，朱自清提出的“参考书”不是单指整本书，而是指学生需要用参考书来增进理解和佐证事实，是理解选文的一种阅读策略。余冠英对叶圣陶提出的整本书为教材主体提出了反对意见。他认为在教材“功能”上来说，“选文”与“整本书”并没有本质上的区别，在某些方面，读选文甚至比“读整本书”更有效。

从小学、初中、高中的书目来看，“四大名著”贯穿小学五年级下册到高中的所有学段，阅读材料范围太小，缺乏课程化整体安排。整本书阅读不能一枝独秀，要与教科书双线并行，统一在语文课程核心素养之下。但是，就目前来看，整本书的选择缺乏与选本的有效组合，内容过于狭窄，主要聚焦在“经典文学名著”：一是以“四大名著”为代表的古白话文著作，二是

---

① 顾黄初，李杏保．二十世纪前期中国语文教育论集［M］．成都：四川教育出版社，1991：746.

② 叶圣陶．叶圣陶集（第16卷）［M］．南京：江苏教育出版社，2004：114-115.

以《老人与海》为代表的外国翻译作品。这种书目推荐不能呈现出“课程化”的特征。整本书只是材料，在哪个阶段，为完成某种特定任务而选择材料，才是课程设计。

三、方法之论：怎样教

整本书阅读教学的困境在于教师把教单篇课文的方法带入了整本书阅读教学，忽视了整本书作为复杂的学习情境对学生思维的挑战，致使整本书阅读的作用不能发挥出来，并且给教和学的双方都造成了负担。

叶圣陶总结了语文教师上阅读课的四种样态。“有些国文教师以为教学国文就是把文字一句一句讲明，而讲明就是把纸面的文句翻作口头的语言。有些国文教师喜欢发挥，可是发挥不一定集中在所讲的那篇文字……有些国文教师忧世的心情很切，把学生的一切道德训练都担在自己肩膀上……有些国文教师喜欢称赞选文……但在事实上，一个教师而兼属于某几种，却是常见的事情……都是不很顾到实施方法的。”[①]从叶圣陶的总结可以发现，传统语文教育对现代语文教学的深刻影响，逐字逐句讲解文言文的方式被带入到白话文的教学之中。

（一）论争的焦点：教读，还是自读

阮真对当时教学法的情况有一个说明：“近人论教学，有所谓自学辅导法者，有所谓设计教学法者，有所谓道尔顿制教学法者，又有所谓葛雷制教学法者，余雅不欲标此名目。余以为学问之道，即学即问而已。”[②]阮真列举了当时推行的各种新式教学法，同时也指出这些教学法并没有起到应有的作用。除了“学”“问”之外，他也主张先让学生预习，然后提出疑难问题，上课的时候讨论，他认为这是学习的本质。“精读怎样教授？我们须记得上

① 叶圣陶．叶圣陶集（第13卷）［M］．南京：江苏教育出版社，2004：66-70.

② 饶杰腾．民国国文教学研究文丛·阅读卷［M］．北京：语文出版社，2016：193.

面所述的事实，即各校三分之二是自编教材，油印发给学生的。其教授的顺序，有简单讲读的，有预习讲读的，有分预习、问答、读讲、讨论、应用、欣赏等阶段的。”[①]这是从三十三所学校申报的材料中进行统计的，可见当时的课堂教学的方法不一，但是“讲读”和“读讲”是每所学校都有的。

关于讲读的作用，孟宪承指出：“向来国文课，只有教师的活动，没有学生的活动，只有教师的教授，没有学生的学习，这实是国文教学失败的总原因。”[②]胡适更是断言“现在中学毕业生能通中文的，都是自己看小说看杂志看书得来的，决不是靠课堂上几本古文选本得来的”[③]。持此观点的人很多，孟宪承也提出用“看书”代替“讲读”，教师的“讲读”也让位于“自读”，语文课宜“讲读”和“看书”并行。对于“讨论”，孟宪承有自己的见解：“讨论”两字，太含糊了。只是讨论，学生的学习就会随波逐流，所得有限。他认为“这种课外的阅读，事前要有适当的指导，事后要有切实的考查。指导的事项，包括（1）读什么书？（2）怎样读法（计划和方法）？（3）有什么特别意义要指示的？（4）有什么特别困难要讨论或说明的？”[④]讨论是必要的，一定要做切实的指导。孟宪承对略读也进行了统计：据这次四十六校的调查，有略读的规定者三十三校，无略读之规定者十三校。对三十三校的“略读用什么书？”“略读怎样指导？”“略读的成绩怎样考查？”[⑤]等问题进行了对比分析，给出了解决方案，为其他老师在自己的课堂上指导学生略读提供参考。

（二）论争的本质：听讲与讨论的取舍

叶圣陶指出“对于选文应抽绎其作法要项指示学生，使其领悟文章之内

---

① 饶杰腾．民国国文教学研究文丛·阅读卷［M］．北京：语文出版社，2016：179.

② 同①：171.

③ 同①：183.

④ 同③．

⑤ 同①：179.

容体裁作法及其背景，并注意引起其自学之动机”①。讲说过后，又“应指导学生作分析、综合、比较之研究，务使透彻了解。或提出问题，令学生课外自行研究”②。他认为上课是教师与学生的共同工作，而共同工作的方式该如寻常集会那样的讨论，教师仿佛集会中的主席。这里，叶圣陶把教师定位为讨论会的主席，教师的作用要在指导学生、设计学习活动的时候体现，而不是要教师对学生照本宣科。

从教和学的方式来看，讲读不适应白话文教学的需要。包括叶圣陶在内的很多语文教育家都受了国外教学法的影响，提出了课堂上要进行“讨论”，让学生参与到学习过程中来。可以说，当时的“新派”教师认同课上“讨论”是改变教学的一条有效路径。从翻译国外教学法，到设计教学法、道尔顿制的实验，再到阮真根据研究给出的教学法，前后经历了 20 多年的时间。阮真对教学法有了明确的建构，初高中都要模仿英文的教学，英文重视语言的实践，学生在练习的过程中提高语言理解和应用水平。对学生的课外阅读要进行指导督促，课外学生阅读，课上教师指导督促，教师不能只检查读书笔记，要让学生复述书中内容，并且回答教师提出的问题。他还认为假期阅读比课外阅读更重要，要在放假前进行指导，提出要求，假期之后用考查笔记和习作的方式检查阅读的成效。

整本书阅读与研讨成为教学热点，而教学现场把整本书当作课文一样教，训练学生记忆与考试，教学效果堪忧。整本书阅读教学中的以上表现，实质是对语文教学的目标、内容、途径不清晰的投射。整本书阅读教学应该成为课程体系，需要进行系统设计。民国时期的论争，其过程和基本结论对素养时代的整本书阅读教学具有重要意义，需要进行整本书阅读教学相关领域的概念重建，让教学目标从二元对立走向多元融合，让教学内容由多点结构走向关联结构，让教学方式由文本解读走向语文实践。

---

① 叶圣陶 . 叶圣陶集（第 13 卷）[M] . 南京：江苏教育出版社，2004：70-71.

② 同①：71.

第二节　叶圣陶“读整本书”教学理论体系

叶圣陶“读整本书”教学理论已经形成了相对完整的体系，从核心概念、课程规划、教材编写、教法指导、资源配置、教学评价等角度进行阐释。研究叶圣陶起草或者修订的语文课程标准、编写的书籍及相关论文，能够清晰地看出“读整本书”教学理论体系发生、发展与完善的过程。

一、核心概念

叶圣陶对“读整本书”教学没有下过完整定义，相关表述散落在他的诸多作品之中，我们要下一番功夫，才能够把这些描述性的话语拼成一个概念化的结构。从他的论述中，可以勾画出“整本书”的一个边界。当时学界常用的“古书”“文学名著”“经典”都是他选择整本书的范围，“精读”和“略读”是他着力提倡的两种阅读方式。

叶圣陶认为“古书”是指经籍与诸子而言，这些不在语文学科教学的范围之内。“古书”而又是“文学名著”的才是语文教学要教的，标准就是这些书的内容和形式是合二为一的。

“文学名著”该是指史部集部里偏于文学性的作品以及小说戏曲等类而言。[①] 后来，叶圣陶认为“中国文学名著”把“文学的”“古书”也包括在内了。

① 叶圣陶．叶圣陶集（第 13 卷）［M］．南京：江苏教育出版社，2004：53.

关于“经典”，叶圣陶这样认为：“《经典常谈》这本书所说经典，不专指经籍；是用的经典二字的广义，包括群经，先秦诸子，几种史书，一些部集。”①

在叶圣陶看来，“古书”“文学名著”“经典”三者是相互交叉的。为了理解得更清楚，来看一处例证。

《六年一贯制中学国文课程标准》（1940 年）的“略读部分”，根据选用读物的标准，列举范围如下（1—3 省略）：（4）中外名人传记及自成系统之历史记载；（5）有诠释之要籍名著节本；（6）古人语录及近人演讲集；（7）古今名家书牍、游记、日记及笔记；（8）古今小品文及小说；（9）有诠释之诗词选本；（10）有价值之歌剧、话剧及民间文学；（11）外国文学名著之译本；（12）切实适用之关于文章法则之书籍……②

由以上观点及实例可知，叶圣陶所指的整本书是古今中外的文学名著以及其他堪称典范的作品。

“精读”出现在叶圣陶拟定的课程标准中，如，“精读，由教员选定整部的名著”③，“专书精读，选定名著，每学期约一部”④。“略读”在课程标准中使用，如，“略读丛书专集等（由教师指定）”⑤，“略读整部的名著”⑥。

“课程标准所以把阅读分作精读略读两项，原来着眼在读物的分量方面。短篇分量少，自成一个单位，解说剖析都容易完事，所以凭它来训练学生精读。成本的书分量多，不便在教室里精细讨论，所以教学生根据着精读的经验，自己去读。”⑦从叶圣陶的分析可以看出，用什么方式指导，取决于教学的目标和任务。

---

① 叶圣陶．叶圣陶教育文集（第三卷）[M]．北京：人民教育出版社，1994：278.

② 叶圣陶．叶圣陶集（第 16 卷）[M]．南京：江苏教育出版社，2004：39-40.

③ 课程教材研究所．20 世纪中国中小学课程标准·教学大纲汇编：语文卷 [M]．北京：人民教育出版社，2001：286.

④ 同③：287.

⑤ 同②：3.

⑥ 同③：274.

⑦ 叶圣陶．叶圣陶集（第 13 卷）[M]．南京：江苏教育出版社，2004：80.

叶圣陶一直把“读整本书”作为发展学生的重要途径。“现在有许多学生，除了教本以外，不再接触什么书，这是不对的。为养成阅读的习惯，非多读不可；同时为充实自己的生活，也非多读不可。”[①]可见，在叶圣陶看来，读书是为了学生的生活的。因此，他才大力提倡在课堂上教师要教学生“读整本书”，以此养成阅读习惯，培养阅读能力。

叶圣陶的“读整本书”教学是根据语文课程标准的目标要求，带领学生以精读或略读的方式对文学名著或堪称典范的著作进行钻研讨论。

二、发展阶段

“读整本书”教学理论的传统语文教育的教材体系是两条线并行的：一条是以“四书”“五经”为主的“整本书”；一条是以《古文观止》《唐诗三百首》等为主的“选本”。“读整本书”脱胎于“读经”，经过五四运动的冲击，“读经”演变成“读白话小说”，后来“读白话小说”的范围不断扩大。

叶圣陶“读整本书”教学理论的源头是中国传统语文教育，该理论是与同时代的研究者的共识，经历了酝酿成型、实践转型、完善定型的过程。从叶圣陶制定的一份课程纲要、两份课程标准中，我们可以看到其“读整本书”思想从发端到发展的过程。

（一）1912—1923 年，酝酿成型阶段

1912 年 2 月，叶圣陶任苏州中区第三初等小学（言子庙小学）教员。1917 年春，任吴县县立第五高等小学教员，该校试行教学改革。1920 年 6 月 26 日，在苏州听杜威演说。1923 年，叶圣陶从教的第 12 年，他拟定了《新学制初级中学国语课程纲要（草案）》，体现了叶圣陶自己的教育思想，“读整本书”教学在课程纲要中有所表现。

本时期，叶圣陶在一线从事教学工作。当实践的困顿与东西方文化的碰

① 叶圣陶 . 叶圣陶集（第 13 卷）[M]. 南京：江苏教育出版社，2004：95.

撞结合的时候，他尝试着去改变教学现状，寻找语文教学的出路。

（二）1923—1940年，实践转型阶段

1923年1月，叶圣陶入商务印书馆国文部任编辑。1931年2月，到开明书店任职。这期间，他参与创办《中学生》杂志，1939年任该杂志社社长。本时期，叶圣陶主要从事的是编辑工作，更多的是教科书的编辑与写作，《开明国语课本》《国文百八课》等都是这个时期完成的。他在这个阶段更多的考虑是为学生设计学本，以上两种教科书的练习系统都做了精心设计，这个阶段让他更多考虑如何帮助学生学好语文。

（三）1940—1949年，完善定型阶段

1940年7月，叶圣陶受聘于四川省教育科学馆，任专门委员，任务是推进中等学校国文教学。1941年2月，与朱自清合著的《精读指导举隅》出版。1943年1月，与朱自清合著的《略读指导举隅》出版。1941年，叶圣陶在文章《论中学国文课程的改订》中提到："国文教材似乎应该用整本的书，而不应该用单篇短章，像以往和现在的办法。退一步说，也该把整本书作主体，把单篇短章作辅佐。"1949年8月16日作的《中学语文科课程标准（草稿)》中这样表述："中学语文教材除单篇的文字外，兼采书本的一章一节，高中阶段兼采现代语的整本的书。"①

这个时期，叶圣陶又有更多时间关注语文教学工作，对现实教学的再观察、再思考，"把整本书作主体"调整为"兼采整书本"。自此，叶圣陶"读整本书"教学理论基本定型。

三、体系结构

叶圣陶"读整本书"教学理论体系，已经形成了稳定的结构。从中国

---

① 叶圣陶．叶圣陶集（第16卷）[M]．南京：江苏教育出版社，2004：58.

传统语文教育的教材体系中提取出整本书，整本书由以经史子集为代表的古书、文学名著、典范著作三者的交集组成。叶圣陶又从中国传统语文教育的教法中提炼了“精读”和“略读”两种主要方法，二者都以“通读”为基础，都以“讨论”为深化学习的形式。

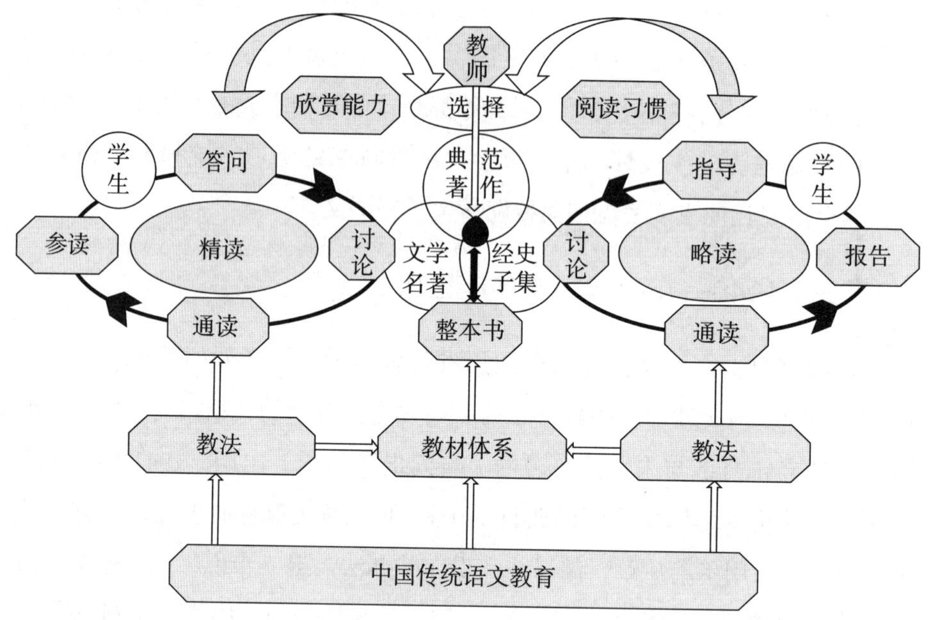

叶圣陶“读整本书”教学理论体系结构图

（一）课程标准：系统设计

《新学制初级中学国语课程纲要（草案）》第一段落（初中一年级）：程度与本时期所读选文相当的丛书或专集等略读研究。如《胡适短篇小说》、梁启超《欧游心影录》、吴敬恒《上下古今谈》、《西游记》、《三国演义》……[①]把所读的材料尽可能详细地列出。对范围的规定也更清晰，“以现在和明清以来的名作为主”[②]。

第三段落（初中三年级）：程度与本时期所读选文相当的丛书或专籍

① 叶圣陶 . 叶圣陶集（第 16 卷）[M] . 南京：江苏教育出版社，2004：5.
② 同① .

等略读研究。如《战国策》、《古诗源》、《域外小说集》、“史记、左传读本”……[①] 把略读书目集中在一起，并且进行了分类，对学生的阅读材料进行非常详细的规定，对语体文的数量，对选文的程度，对阅读的书目进行细致的划分。

《六年一贯制中学国文课程标准》结构完整，包括“目的”“时间支配”“教材大纲”“实施方法概要”，每一部分都涉及整本书。

从“目的”部分来看，“养成阅读书籍之习惯，培植欣赏文学之能力”[②] 为语文课程目标。

在“时间支配”的部分，“精读指导”与“略读指导”的比例开始是3∶2，后来是3∶1，到了高中就是1∶1了。“略读”与“精读”同比，学生自主学习的空间越来越大。

“实施方法概要”分为两部分：一是教材标准，一是教法要点。教材标准中的“略读书籍”有了详细的阅读范围，为大家提供了选择空间。教法要点中，对阅读方法、阅读交流以及阅读效果的考查都有详细的要求。

从教材的选择来看，叶圣陶已经明确提出“读整本书”。对教材的说明中，读整本书也要跟读单篇教材一样列出“纲要”。

叶圣陶读整本书课程框架非常清晰，有课程目标——养成读书的习惯，培养欣赏文学的能力；有课程内容——整本书的书目；有实施方式——精读与略读；有评价方式——学分积累。在这个体系内，对每一个部分又有更为详细的规定与指导。

（二）教材编写：双线并行

为什么要读整本书？叶圣陶认为国文教学不好的原因在于现行的教材全是单篇短章。读单篇短章不利于培养学生良好的阅读习惯：一是学生除教科书外不读整本书；二是单篇短章的数量太少，不足以养成习惯；三是只

---

① 叶圣陶．叶圣陶集（第16卷）[M]．南京：江苏教育出版社，2004：6.

② 同①：36.

读单篇短章，就会魄力不大，没有能力阅读整本书，也就形成不了良好的习惯。在《论中学国文课程的改订》一文中，他首次提出了“把整本书作主体，把单篇短章作辅佐”的观点，从两方面进行论述：一是“讨究各体的理法，整本的书完全适用”；二是从学生的角度而言，“心志可以专一，讨究可以彻底”。一本书读好了，“遇见其他的书也就不至于望而却步”。“读整本书”“不但可以练习精读，同时又可以练习速读”。最后的结论是“改用整本的书作为教材，对于养成读书习惯要有效得多”。①

怎样选整本书？叶圣陶提出了编写意见：“召集一个专家会议，经过郑重精细的讨论之后，开出书目来。”对于划定范围和标准，他深不以为然：“仅仅规定几项原则，说‘合于什么者’‘含有什么者’可以充教材，或‘不合什么者’‘不含什么者’不能充教材，那是不济事的。”对编写教材的人员，也有一个明确的圈定范围：“教育家兼语文学家。”②

整本书怎样分布？“初中阶段，一部分是‘文学名著’，着重在‘了解固有文化’（‘增强民族意识’和‘发扬民族精神’也就包括在内）；一部分是‘语体’，着重在文字语言思想三者一贯的训练。高中阶段，除以上两部分外，又加上一部分‘近代文言’，着重在文言写作的训练。”③

叶圣陶旗帜鲜明地表达了以整本书为教材的主张，提出了整本书与选文并列的教材编写建议。

（三）教法指导：“精读”与“略读”

在读整本书的方式上，叶圣陶认为精读和略读同等重要，这个同等不是时间分配，而是两种方式相互作用，相互依存。

精读，分为预习、课内指导、练习三部分。预习分为通读全文、认识生字生语、解答教师所提的问题；预习后在课内进行讨论；讨论以后，还需要

---

① 叶圣陶．叶圣陶集（第16卷）[M]．南京：江苏教育出版社，2004：58.

② 同①．

③ 李杏保，顾黄初．中国现代语文教育史[M]．成都：四川教育出版社，2004：132-133.

做练习，包括吟诵、参读相关的文章、应对教师的考问。[①] 精读从精神上来说，学生要投注全部的精力；从教学上来说，师生都要参与；从读物角度而言，要注意到细节。

略读的“略”字，一半系就教师的指导而言：只须提纲挈领，不必纤屑不遗，所以叫做“略”。一半系就学生的功夫而言：还是要像精读那样仔细咬嚼，但是精读时候出于努力钻研，从困勉达到解悟，略读时候却已熟能生巧，不需多用心力，自会随机肆应，所以叫做“略”。[②]

叶圣陶从书籍的性质上谈指导，性质不同，阅读方法不同，都要抱着“研究”的态度，不能应付了事。他举例说明了应该怎样阅读，如何读“小说或剧本”，如何读“诗集”，如何读“古书”。学生读“古书”应该做到“了解”。叶圣陶想了两个办法，一是在现行的标点分段之外，加上白话注释，并附适当的题解或导言。他觉得这样的话，降低了难度，愿意读的人也许多些。更彻底的办法，就是“尽可以着手用白话重述古典”，学生既可以受到传统文化的教育，又不至于因为读不懂而头疼。他有一个美好的设想：“等到这种重述的古典成为新的古典，尽可以将文言当作死文字留给专门学者去学习，不必再放在一般课程里。”[③]

学生读“文学名著”有两种途径——读解和欣赏。对于选读的“文学名著”，必须使学生真个能读解它，能欣赏它；必须借此养成学生阅读其他“文学名著”的能力和习惯。如何培养呢？“第一要有具体的凭借，就是必须面对某种文学名著。第二要讲求方法，就是怎样去读解它欣赏它；这种方法仅成为一种知识还不够，更须能自由运用，成为习惯才行。”[④] 以阅读《爱的教育》为例，提出许多问题或题目，提示提问题的角度，告诉学生思维的角度。

---

① 叶圣陶 . 叶圣陶教育文集（第三卷）[M]. 北京：人民教育出版社，1994：229-242.

② 同①：8.

③ 叶圣陶 . 叶圣陶集（第 13 卷）[M]. 南京：江苏教育出版社，2004：110.

④ 同③.

在叶圣陶看来，略读不但需要教师的指导，而且应该是语文课程里的“正项工作”，不能有丝毫的懈怠。不但要进行略读，而且要切实指导。叶圣陶谈到切实可行的略读条件，那就是师生需要同读一本书，同读一本书是进行“读整本书”教学的基础。“假如一班学生同时略读几种书籍，教师就不便在课内指导；指导了略读某种书籍的一部分学生，必致抛荒了略读别种书籍的另一部分学生；各部分轮流指导固也可以，但是每周略读指导的时间至多也只能有两小时，各部分轮流下来，必致每部分都非常简略。况且同学间的共同讨论是很有帮助于阅读能力的长进的，也必须阅读同一的书籍才便于共同讨论。”①

读书不是目的，发展才是目的。叶圣陶特别提出了学生要讨论“阅读经验”，学生要能够跳出书的内容，思考自己是如何读书的，要进行阅读经验的交流。读完整本书，要再次进行交流讨论，对阅读内容进行深入探讨，对阅读经验进行再次整合。

（四）资源配置：就地取材

学生要读整本书，但是当时的历史条件有极大的局限性，很多学生看不到书。对此叶圣陶有着清醒的认识：“老实说，由于种种条件的限制，我国出版界实在贫弱得可怜。融会贯通、深入浅出的著作，举不出几部，系统的介绍世界思想艺文的译著，还没有出现，嚷了二十多年的整理旧籍，真正整理好了的旧籍不知道在哪儿。”②当时可以供学生选择的出版的书非常少。读整本书受到了很大限制。

那社会的藏书量又如何呢？“说到图书馆，情形也很惨。除了大都市里少数大图书馆而外，各地图书馆的购买费都很窘……旧存的图书，破碎的破碎了，遗失的遗失了……学校里的图书馆或图书室也不会好些，可能还要坏

① 叶圣陶 . 叶圣陶教育文集（第三卷）［M］. 北京：人民教育出版社，1994：256.

② 叶圣陶 . 叶圣陶集（第 12 卷）［M］. 南京：江苏教育出版社，2004：243-244.

些。”[1]可见，当时的图书馆条件也很差，学生要想读到整本书是比较困难的。

叶圣陶建议在当前的情况下进行选择：“则有旧小说、译本童话等，只须合乎标准，便不妨取以供需。”[2]第二是“关于补充用、参考用的书籍，只有教师们努力创作”[3]。

叶圣陶为学生想了“切实可行”的办法：“我们想，办法是有的，只有青年们自己来解决。爱读书的同志组织起来，为了读书，广泛的坚强的组织起来。组织起来之后，各人拿出少数的钱，共同采购各种书志，是一法。有无相通，各人把所有的书志换看没有见过的书志，是一法。协力捐募书志，汇集在一起大家看，又是一法。”[4]可以想见叶圣陶对读整本书的重视程度，他认为学生必须想尽一切办法读整本书。

（五）教学评价：多点分布

学生读整本书有学分评价，按照不同的角度进行，基本可以概括为阅读经验和阅读能力。

阅读经验，由阅读内容和数量来规定。叶圣陶对初中毕业最低限度的标准规定了当时的初中三年级学生毕业以后要读过这些书，从文类来说，分为小说、戏剧和散文。小说分为传统经典、当代小说、翻译小说。戏剧分为传统戏剧和翻译戏剧。散文是选本，按照作者、文体和问题分类。

阅读能力，以质量和速度为表现。叶圣陶提出了一个需要读者思考的重要问题，就是阅读的速度。“处于事务纷繁的现代，读书迟缓，实际上很吃亏；略读既以训练读书为目标，自当要求他们速读，读得快，算是成绩好，不然就差。”[5]阅读速度是需要培养的，在学生精读正确的基础上，再去考查是否敏捷迅速。

---

① 叶圣陶 . 叶圣陶集（第 12 卷）[M] . 南京：江苏教育出版社，2004：244.
② 叶圣陶 . 叶圣陶教育文集（第三卷）[M] . 北京：人民教育出版社，1994：17.
③ 同① .
④ 同② .
⑤ 同②：269.

叶圣陶“读整本书”教学理论体系，立足中国传统语文教育，以培养学生阅读习惯和欣赏能力为目标，以“古书”“文学名著”“经典”融合的“典范作品”为教材，以精读或略读为方式，进行了课程规划、教材编写、教法指导、资源配置、教学评价的系统设想。该体系是传统教育与现代教育共同作用的结果，在当下的信息时代仍具有重要的现实意义。从宏观的角度，能够为构建人类命运共同体和落实立德树人根本任务提供实施路径；从中观的角度，能够为建设全学科阅读课程提供参照体系；从微观的角度，能够为语文教学从“文本解读”走向“语言实践”提供理论支撑。此外，对学校教育聚焦育人目标，设计整体课程、转变教学方式都有启示作用。

第三节　整本书阅读教学的实践构想

在现实的条件下，如何以叶圣陶“读整本书”教学理论体系为参照，构建整合学科的整本书阅读教学体系，是决策者、研究者、管理者和一线教师共同思考的命题。采取自上而下和自下而上分进合击的方式，自上而下探索课程标准的修订与教科书的编写，自下而上探索整本书阅读教学的目标设定与阅读指导方法，二者相互作用，建立中国特色的整本书阅读教学体系，发展构建人类命运共同体的中国课程。这是所有中国人的期盼，也是所有中国学生的幸运。

教育者的初心是立德树人，通过教育行为让学生获得必备品格；教育者的使命是教书育人，通过教学行为使学生获得关键能力。如何“树人”？怎样“育人”？整本书具有的整体与联系的特性，对学生思维与表达能力的发展具有重要的作用。读、思、行结合的整本书阅读教学使培养全面发展的人成为可能。

一、整体育人：对人的全面发展的意义

（一）构建人类命运共同体的需要

培养什么人？全球素养时代，学校里所有的课程设计都需要考虑如何培养学生的素养。如，语文学科，是盯住字词句段篇、听说读写书，还是看到素养时代对人的更高要求？全球素养的根基是熟悉本民族的文化，扎下文化

的根，注入民族的魂，这就需要多读书、读好书，读整本的书，进行多种语言多种文化的阅读。

（二）实现立德树人根本任务的需要

为谁培养人？是为国家、社会培养德、智、体、美、劳全面发展的社会主义建设者和接班人。这些人应该是有思想、有担当、有作为的人。在信息时代不随波逐流，需要有独立的判断能力。这种能力得从整本书阅读的过程中，读别人的故事想自己的人生，得靠不断的思考获得。只有这样，阅读者才能成为有思想有情怀的人。从读的整本书中，寻找人生榜样，然后按照他们的样子去成长，阅读者才能成为有担当、有作为的人。

书不是读得越多就越好，在读书过程中不断地思考与表达，获得个人的全面发展，进而推动社会的文明进步才是读书的目标。

（三）学以为己的发展需要

“人不为己，天诛地灭”是说人的一生要不断修炼自己，这样才能获得生而为人的意义。“古之学者为己，今之学者为人”也是说读书做学问不是向人炫耀，而是丰富完善自己。“为天地立心，为生民立命，为往圣继绝学，为万世开太平”是说修为之后的社会担当。这也是新一轮课程改革所倡导的“有理想、有本领、有担当”的目标体现。

阅读的个人终极目标是“学以为己”，社会终极目标是“兼济天下”，在新的时代，个人目标与社会目标是和谐统一的，如果个人足够“强大”，一定会对社会有所贡献。

所有的学校教师都负有指导学生思维与表达的责任，阅读是所有科任教师的分内之事。阅读虽然是个性化的行为，但是，学生的阅读能力和习惯是需要培养的，并且相同年级的学生应达到一个基本水准。同读一本书，进行相应的阅读指导，才能发挥学校教育的优势。

二、整体建构：对阅读课程建设的意义

怎样培养人？育人的主阵地还是学校，要通过学校的课程规划设计实施培养人。在学校内的整本书阅读不能局限于推荐书目和建议阅读。推荐书目的阅读还属于家庭阅读和社会阅读的范畴，而不仅属于学校阅读。学校内的课程，应该在各个学科中都设计整本书阅读的课程。其他学科高考的阅读题做不好，不是语文教师的责任。不同学科的思维和表达方式具有独特性，学生唯有经过本学科的整本书阅读的思维与表达训练，才有可能在本学科的阅读测试中有所表现。

（一）明确课程目标：为素养而读

全学科建立以整本书与教科书并存的教材体系的时机已经成熟，在各科课程总目标的指导下，建立以学生阅读能力和阅读素养发展为整本书阅读课程体系。

整本书阅读教学是把一本书作为学习的情境，让学生进行思维与表达的练习，从而模拟处理各种问题，为学生今后在生活中思考和解决问题做准备。学生为解决问题而读书，而不是为记忆知识而读书。知识和信息是大脑分析处理的材料，学生阅读是处理信息的过程，更是获得思维能力提升的过程。

“2022 年版课标”提出了核心素养的四个维度：文化自信、语言运用、思维能力、审美创造，四个维度构成一个整体，整体的素养需要整本的书进行培养。整本书因为情境的复杂性、问题的挑战性，对学生核心素养发展有着综合的促进作用。整本书阅读的课程目标，以阅读素养为参照，从提取信息、整合解释、反思评价三个层级梳理教学目标体系，体现学生知道、理解和运用的学习层次，从表层学习到迁移运用学习。

整本书是作为整体学习情境存在的，比单篇短章的学习更综合且富有挑战。学生读整本书需要找到书中各种要素之间的复杂联系，从提取信息到整合解释，最后走向反思评价，这样才能从获取知识变为发展素养。所有学科

的素养都是以本学科的思维与表达为表现形式，也能够在整本书中找到学科现象，发现规律，形成概念，抽象原理。这样的学习过程才是发展学生素养的有效途径。

（二）课程设置：全科整合的定向

义务教育课程方案规定每个学科都有跨学科学习的领域。跨学科的起点是学科的基本思想和思维方式，而不是学科知识。跳出学科知识，走向学科思维，就需要从学生核心素养发展的角度来确定标准，以此标准进行课程设置。

整本书课程化的第一步是确定阅读书目，理想的阅读书目是每本书都尽可能适合多个学科。以多个学科的思维方式处理同一本书的内容，学生才能获得更多的思维角度，能从不同角度体会表达的多样性。

整本书阅读教学是用学习工具处理书中内容的不同形式的综合的实践活动过程。以学科教科书单元目标为指引，确定全学科阅读书目。全学科阅读书目的确定一般会经历三个阶段：一是各学科细化本学科书目，二是多个学科建立一个分学段的书目，三是根据核心素养的要求筛选出可供全学科阅读的书目。

叶圣陶认为课程标准中提出“现代学生应该读些古书”，万不宜忽略“学生”两字跟一个“些”字。说“学生”，就是说不是专家，其读法不该跟专家的一样。说“些”，就是说分量不多，就是从前读书人常读的一些书籍也不必全读。[①] 在叶圣陶看来，古书要适合学生的年龄，并且对学生而言，读古书是一种了解性的阅读。阅读的分量要小，不能照单全读。就阅读的范围说，叶圣陶认为“只要精，不妨小，只要达到让学生见识一番这么个意思就成”。

对选书和读书，叶圣陶多次反复强调要适合学生。当下的整本书阅读教学依然要适合学生，即使多数是由白话文写成，也要关注学生的接受水平。

---

① 叶圣陶．叶圣陶教育文集（第三卷）［M］．北京：人民教育出版社，1994：277.

一本《红楼梦》自小学到初中、高中都有推荐。不同的学段到底教什么、怎么教，是需要做统筹考虑的，不能凭教师兴趣，要看学生的水平。

这就需要再次明确：选择用一本书来教会学生阅读，而不是读完一本书。我们应该建立从幼儿园到大学的整本书阅读体系，采用分类、分级、分层的方式，推荐相应的书目，明确每一类、每一级、每一册图书的教学目标。

（三）课程资源：多角度供给

出版的繁荣，互联网时代图书的多样性，为整本书阅读提供了很好的物质基础。整本书阅读教学，完全可以学生喜欢的、能接受的方式进行，比如，可适当为初中、高中学生推荐电子书。

“分级阅读”在汉语言阅读领域一直在尝试，有的是从主题的视角，有的是从内容的视角，有的是从语料的视角……到目前为止还没有人宣称已经构建好了汉语分级阅读的体系。原因是汉字是表意文字，表情达意的深浅不由词汇量的多寡决定，而由文字的排列组合方式决定。

在英语阅读中总有这样的现象：文字好懂了，内容远远低于学生的认知水平，学生不喜欢阅读；认知水平持平了，文字又远高于学生的语言水平。

中小学推荐图书应该是多种因素兼顾，同一级别的推荐 3 ～ 5 本，从内容上也可以区分，学生自由选读。这样的话，在适当的时候不是同读一本书，讨论的时候就会不局限于内容，而有可能让“阅读经验”“阅读习惯”“阅读素养”等变成可以讨论的主题。

（四）课程结构：综合实践的走向

整本书阅读教学，按照学科基本思想和思维方法特点，以整本书为基础组织相应的学习活动。结合各学科教学特点，以跨学科的思维与表达能力为联结点，以“阅读与鉴赏”“梳理与探究”“表达与交流”的综合实践为基本课型，建立全学科的教学模型。

整本书阅读讨论，不只在于“深度”，更在于“角度”。现实中解决问题时，很多不是思维深度的问题，而是思维角度的问题，角度不同，结果不同。因此，要重视整本书阅读讨论的角度。学生读书不能局限于细节，要能够跳出书的内容，建立结构意识。同类的书，可以比较出相同的结构形式，不同类的书要进行区分。学生掌握了书的结构，就能够了解作者的思维方式，理清思路。

如，《红楼梦》的阅读，在关注故事情节和人物形象的基础上，小学阶段阅读、理解、欣赏书中的对联；梳理对联的语言形式，探究对联与人物、景物、事物的关系；能用对联的形式表达个人的所见、所感，并能够与同伴进行交流，分享阅读及创作对联的感受。初中阶段阅读、理解、欣赏书中的诗词；对书中诗词进行分类，探究诗词的内容及形式的特点；能模仿诗词的样式表达个人的所思、所想，并能够与同伴交流，分享阅读及创作诗词的感受。高中阶段阅读、理解、欣赏书中人物形象，梳理人物的类型及关系，探究表现人物的语言规律，能学习用书中的方法描写人物，以作品的形式与同学交流。

（五）课程评价：成果表现的取向

整本书阅读教学的评价，需要从考查对内容的熟知程度到考查阅读者的成熟程度。国际阅读素养进展研究项目（Progress in International Reading Literacy Study，缩写为 PIRLS）从五个方面进行阅读能力评估：理解并运用书面语言的能力；能从各式各样的文本中建构意义；通过阅读去学习；参加阅读社群的活动；由阅读获得乐趣。成熟的阅读者是五个方面的和谐统一，以理解并运用书面语言为起点，以自能阅读获得乐趣为终点，多个层次循环上升。

阅读的表现性成果需要以表达的作品来支撑，这就需要以“读写一体”的思维设计评价方案。学生阅读前需要创设情境，布置任务，让学生清楚以什么身份完成什么任务，最终需要提交什么成果。如，小学三年级阅读一本童话集，教师设计情境任务：一年级的张老师说，班上的同学特别喜欢读童话，可是，现在找不到适合他们读的童话。有的童话太浅显，他们幼儿园时已经读过了；有的童话太长，也没有插图，很多字不认识，他们又读不懂。张老师特别想邀请三年级的同学帮他们班创作一本童话集。我们班的同学阅读了课本中的童话单元，也学习写了童话。在阅读童话集时，大家要积累更多的经验，为一年级的同学创作一本图文并茂的童话集。“童话集”就是三年级同学最后的表现性成果，学生需要以“读者”和“作者”的双重身份进行阅读。

整本书阅读的评价，以表现性评价把终结性评价和形成性评价的要素结合起来，通过学习成果来评价学生的核心素养发展。学生的素养最终以可见的成果的形式来呈现，这种呈现不只是测试中的表现，而是贯穿于教学的全过程，体现了教—学—评的一致性，让过程性评价体现在日常的教学行为中，师生对阅读的成果都能够及时了解，以便对学习过程做出调整。

阅读素养评估是一个体系，而不只是一次考试。PISA 测试、PIRLS 测试已经逐渐被人们熟知。借鉴国际阅读能力评估系统，开发汉语言阅读能力评估系统，是当务之急。目前国家教育质量检测中心也在做类似的研究，但是，大范围的全员测试显然在短时间内还不能实现。那就需要一线的研究人员和教学人员，发挥自己的实践智慧，探索评估的题型。

从模仿开始，改变测试观念，实现全方位的多点测试。结合国际阅读素养的条目，建立测试框架和测试题库。

三、整体转型：对语文教学改进的意义

整本书阅读总被认为是一种课外阅读，一是阅读的时间在课外，二是和课内阅读有区别。叶圣陶也说：“成本的书分量多，不便在教室里精细讨论，所以教学生根据着精读的经验，自己去读。”这容易让人产生一种错觉：学生自己读就是一种自由的课外阅读，对有些学生而言就是可读可不读。这种错觉忽视了整本书阅读的时间可以在课外，而且讨论和报告却是一点都不能马虎的。没有阅读指导的课外阅读是消遣性的阅读，不是叶圣陶所说的。就此明确，整本书阅读不是课堂以外的阅读，而是课本以外的阅读。

与当下全球素养的语境相匹配的“核心素养”的时代已经来临，每个学科都要为学生的全面发展提供本学科的关键能力。“科学与人文的各类读物可由语文教师和各有关学科教师商议推荐”①，说明整本书阅读不单单是语文一门学科的任务，应该是所有学科的任务。系统建设整本书阅读教学系统符合时代要求，也有利于立德树人根本任务的完成，有利于培养全面发展的建设者和接班人。

由民国时期的论争透视那个时代的“困顿”“挣扎”与“反抗”，对当下的整本书阅读教学有“警醒”“启示”与“促进”作用。下面的结构图能够体现不同时期整本书阅读教学的互动关系。

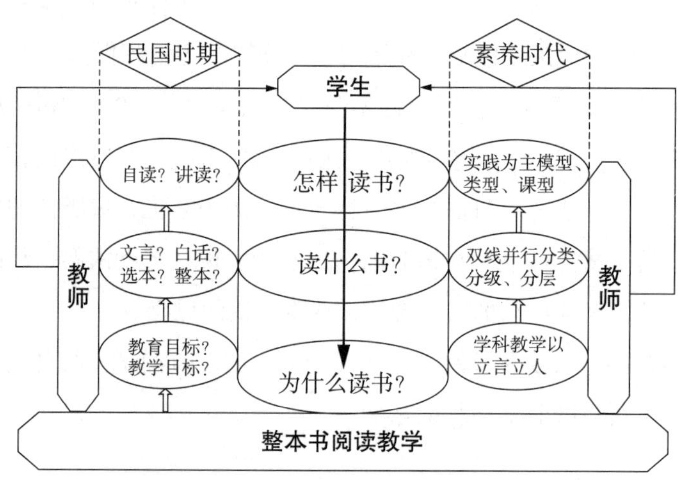

民国时期与素养时代整本书阅读教学的对比图

（一）整本书阅读教学核心概念：由阅读走向学习

概念不清楚是方向和范围不明确的根源，整本书阅读应该由个人行为走向普遍行为，由少数人的特权到芸芸众生的应用。

整本书阅读教学是教学生学习阅读整本书，把整本书放入课程教学的范

① 中华人民共和国教育部．普通高中语文课程标准（2017 年版）［S］．北京：人民教育出版社，2018：58.

畴内，实现其教学价值。学生的阅读能力和阅读素养被视为教学目标，整本书是应用的教学材料，整本书在教与学的过程中实现作用的最大化。

把整本书阅读放入课程教学的范畴内，就要从学习的视角来审视。学习分为表层学习、深层学习和迁移学习。整本书阅读的教学不能只停留在提取信息的表层学习阶段，更要走向整合解释的深层学习，走向反思与应用的迁移学习。这就是国际阅读素养所提出的“通过阅读去学习”。这样的话，整本书阅读教学就不会深陷书中的内容，而是凭借学习活动分析处理书中内容，进而实现应有的学习功能。

（二）整本书阅读教学目标：由二元对立走向多元融合

存在于语文学科的整本书，因为语文学科本身的特殊性决定了整本书的特殊性。不同的人对语文学科的认识是不同的，究其原因是语言材料所承载的信息不同而使不同的人如盲人摸象。

以李白的《静夜思》为例。假设李白写完《静夜思》，第二天和一位朋友交流，把这首诗读给朋友听，朋友就此诗发表见解，李白也予以回应。这时的《静夜思》中的诗句就是“交际的语文”。《静夜思》经过千年的流传，被不同时代不同的人赋予浓浓的思乡之情，当下的《静夜思》就是“文化的语文”，把“那一刻”封存在了文字中，成为文化的“琥珀”，让后人能看到诗人那时的思想情感。《静夜思》中的“床前明月光”的“床”，有不同的解释，有人说是“井栏”，有人说是“胡床”，无论如何，李白的“床”和我们现实及想象中的床都是不一样的。这时候《静夜思》就是“认知的语文”。

此例很好地说明了，语文的多种形态，文化的语文——需要传承与理解；工具的语文——可以交际使用；认知的语文——词语与世界的联系。文字的承载功能及其复杂性，对整本书阅读教学提出了更大的挑战。所以，整本书阅读教学应该发挥整本书作为复杂情境的作用，让学生能够在这样的复杂情境中进行深层的学习。教学目标从“为社会”与“为个人”的二元对立中走出来，实现多元的融合。

民国时期的论争对于语文学科的教学目标的启发就是应立足长远的全

面发展目标，完成语文学科的天然使命，既立德树人，又教书育人。反观当下的整本书阅读教学受书中内容制约求多求全，目标无法聚焦于学生核心素养发展。“由此可见，如何保证语文学科的思想性和工具性的辩证统一，是语文教学的一个根本性问题，也是一个总是发生偏差的问题。”[①]当下的整本书阅读教学普遍忽视了课程标准规定的、教科书编者提示的“以下任务供参考，可以选择其中一部分完成，也可以自行设计任务”；配套《教师教学用书》中的规划，只是“单元教学设计举例”。可见，作为学习任务群之一的整本书阅读教学，其教学内容和方法应是编者在教科书中或者教师在课堂上呈现相对完备的阅读方法（阅读哪些内容、怎么去阅读）和教学任务，然后师生就其中的部分方法和任务展开教学。或者是让学生提前结合教科书中的“阅读指导”和“学习任务”阅读《红楼梦》并完成相关的任务，然后在集中实施“整本书阅读教学”的两周内在课堂上呈现学生的阅读成果、总结阅读方法。[②]

语文课程核心素养把社会性与学科属性统一在整本书阅读教学中。目标从学科转向学生，从学科的属性与内容转向以此学科培养和发展学生的核心素养。具体到整本书阅读教学，就是要以书中材料为依托，让学生阅读材料以后，获得处理材料的经验和能力。

整本书阅读教学首先要培养学生思维与表达的能力，正如众多前辈所言，既要讨论语文文字承载的思想内容，又要讨论承载思想内容的语言形式。通过拓展学生的语言疆界去拓展人生世界，这正是语文学科通过立言的学科目标实现立人的教育目标在整本书阅读教学上的投射。

（三）整本书阅读教学内容：由多点结构到关联结构

整本书阅读教学内容应是以整本书为材料的语文学习任务设计，而不是

---

① 郑国民．二十世纪二三十年代中学语文教学方法的变革［J］．课程·教材·教法，2000（4）：54-58.

② 张心科．《红楼梦》整本书阅读教学［J］．中学语文教学，2021（4）：31-37.

整本书本身。小学要依据课程标准，依托教科书中“语文要素”，选择整本书，确定整本书的教学目标；初中、高中要根据教科书对学习任务的设计，突出主要内容。

语文学科的教学内容不好限定，多数情况下教材内容就等同于教学内容。事实并非如此，教学内容是师生处理和运用教材的活动。如，体育的“胯下运球”，篮球是工具，讲解胯下运球步骤的文本是教材内容，而体育教师胯下运球的教学演示和学生胯下运球练习才是教学内容。语文教学亦是如此，字词是工具，文本是教材内容，学生阅读鉴赏等的学习活动才是教学内容。

教师要发挥整本书整合的特性，设计整合的教学活动。如，不同的叙事文本是如何讲故事的。“童谣”“寓言”“神话”都反映了集体创作者的思维，但是，具体的又有所不同。理解讲述的方式，就是理解了思维的方式，即由简单的谁做了什么，结果怎样，到复杂的作者是如何讲清楚这个故事的。整本书阅读教学不只是为了明白道理，更是通过相关问题的探讨和相应任务的完成，发展学生的思维。

整本书应该采用分类、分级、分层的方法。分类：整本书阅读不是语文一科的事情，语文学科应该读语文特征明显的人文社科类书籍，而自然科学类、艺术类应该由其他学科分担。分级：小学生以儿童文学名著为主；初中生以中外文学名著为主；高中生以文化经典著作为主。分层：在同一级的书目中，也要选入不同的书，学生可以根据自己的阅读水平有选择地阅读。

（四）整本书阅读教学实施：由文本解读走向学科实践

“讨论”是在课堂上进行整本书阅读的重要环节，几乎所有语文教师都在实践。讨论什么，为什么讨论，怎样讨论才是大家关注的重点，从内容分析、主题阐释逐渐走向阅读经验分享与总结，让学生成为阅读的受益者。这就需要研发不同的教学课型，用课型来约束和规范师生的讨论内容。

课型能实现不同的功能，为某本书的教学目标服务，这样教学就会因为目标而教，而不局限于书的内容，尤其是文学类的书。

从课本教学走向整本书教学，语文教学方式需要全面转型，要从“文本解读”走向“语言实践”。单篇课文的学习从讲解到讲读到讲练，一直都是以“分析”为中心，不管是对主题的分析，对内容的分析，还是对语言形式的分析，都处于被动接受的范围。短短的课文，教师也有讲不完的情况。

“解读”也是一种语言实践的方式，但只停留在这种方式是不够的。解读的本质是对作者文本意义的理解，加上读者结合个人生活经验的理解，都是对文本语句及主旨的阐发。不管是精读还是略读，不管是细读还是粗读，都把“解”作为核心，如同“庖丁解牛”，以理解作者的意图、生发个人的感想为主，而忽视了“语言建构与运用”。

当学生核心素养成为培养目标的时候，语文学科的学习重点就应该从“学科”转向“学生”，应该研究学生如何学习语文学科。过去是把学科教给学生，现在是教学生学习学科。教学的重点也应该从设计“教”转为设计“学”。学生的学习应该从文本解读变为语言实践。

整合信息，找到联系，建立结构，都需要在具体的学习情境中才能达成。整本书本身就是复杂的学习情境，以整本书为教材具有天然的教学优势，学生的各种能力都能够在阅读讨论整本书的过程中获得发展。选择整本书作为教材，不以学习书的内容为目的，要确定教学价值，制定教学目标，完善教学结构，设计学习工具，构建阅读经验、阅读能力和阅读素养的三维立体结构，最终实现学生的思维能力与表达能力和谐发展的目标。当整本书成为教科书的时候，师生就要用新的方式来学习，就会使用叶圣陶所说的“略读”方式来学习。这样学生才能真正成为学习的主人，才具备发展关键能力和必备品格的可能性。

读整本书是中国传统教育的一部分，所以语文教师势必受到传统教学方式的影响。民国时期的语文教育工作者是如此，他们对讲解、背诵等学习方式没有抵抗力。阮真为突破这一局限，才提出了向英文教学法学习的主张。受“红领巾教学法”的影响，语文教师的课堂教学方式基本是“讲解”加“分析”，从逐句讲解变为了全文分析，仍然没有跳脱出“文本解读”的思维方式。“近年教国文者，恒重内容思想而轻形式章句。潮流所趋，无敢反其说者。”[①] 翻阅朱自清、叶圣陶著的《略读指导举隅》，从这些例子来看，确实重视内容的理解，而缺乏对文章形式的讲解。

在实际的教学中，每位语文老师都知道要让学生进行课外阅读，但是并不能确定是否阅读了，更不了解阅读效果。整本书因为体量大，遭遇了比民国时期更大的困难，一边是整本书阅读的倡导，提倡学生浸润式的阅读；一边是视频 App 的争夺，使得更多年轻人聚集在短视频网站。学校里的语文教师面临的挑战是和视频争夺学生。

如何才能把在校学生的阅读集中到整本书上，这是整本书阅读教学的肯綮之处。用过去的“讲解”“分析”“讨论”的方式，很难激发学生的兴趣。必须尝试新的方式，那就是实现语文课程标准所提倡的“语文实践”的学习方式。这种方式才是当下语文学习的方式，能够让语文教学跳出“文本解读”的怪圈。

由此，教师需要构建新的教学模型，区分不同文本的教学类型，建立实现不同功能的教学课型。整本书阅读教学需要探索不同的课型。课型就是课的功能类型，是教学模型的具体化，是在文本特点和阅读目标的共同作用下做的选择。从课型上说，有阅读欣赏课、阅读实践课、阅读分享课、阅读讨论课等。每一种课型实现不同的功能，重点在于如何更好地培养学生欣赏、探究或表达。这样的体系化建设，才能够实现整本书阅读教学的全面转型。从整本书的类型上说，文体上进行区分的童话、小说、诗歌、散文、记叙文、应用文、议论文等；或不同类型的书籍，如图画书、桥梁书、文字书等，需要探索每种类型书籍的教学方式，区分文体特征，让学生具备文体阅读经验和整体阅读经验。

整本书阅读教学需要教师首先研读整本书及其参考书。把自己探索和研究的历程与学生共享，跟学生交流探索研究的经验。不能只把结果呈现给学生，也要把材料提供给学生，让学生自己思考和判断。其次，研读学习理论和阅读理论。最后，研究国际阅读能力测试的框架，研究测试的题目，研究

---

① 饶杰腾 . 民国国文教学研究文丛 · 阅读卷［M］. 北京：语文出版社，2016：195.

新的学习方式，如“PBL”（Project Based Learning，项目式学习）和“STEM”等学习方式，以情境设计、任务活动、成果交流为主，让学生真正参与到阅读实践的过程中。

整本书阅读教学是教学生读整本书，目标是教会学生读整本书，进而发展学生的语文核心素养。对目标、教材、教学的论争一直持续，论争的出发点和落脚点都是“学生”，而教师理念和实践的改变，才能真正促进学生的发展。新的时代，新的教学法，最大的困难还是教师受个人原有经验和观念的束缚。教师的指导决定了学习的过程和效果。新时代的语文教师面临的是教学的深层次问题，需要建立新的专业发展目标，克服传统教学方式的影响。语文教师在整本书阅读教学方面责任重大，肩负教会学生阅读的职责，需放下成见，从教学的实际出发，为学生的发展服务。

第四节　指向核心素养的小学全学科整本书阅读教学实践体系

小学全学科整本书阅读教学实践体系，在国家课程设置的整体规划下，以培养完整的人为价值理念，以学生核心素养为发展目标，以整本书的活动设计为教学单位，在由多本书相互关联的整体内容结构下，按照综合实践的操作模型实施，依照学生能力表现不断调整，实现“教—学—评”一体化的动态系统。

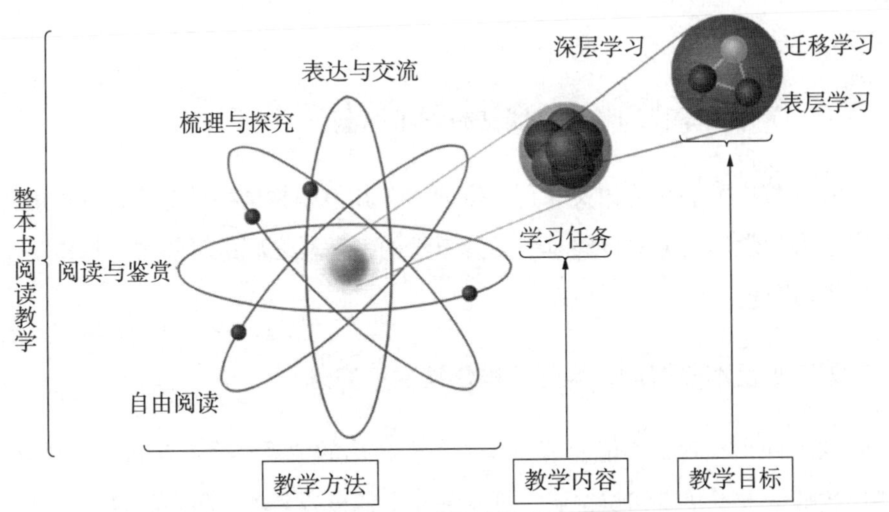

小学全学科整本书阅读教学实践体系结构图

小学全学科整本书阅读教学实践体系是整本书阅读教学在小学所有学科的课程化实践，包含学科内和跨学科两个阶段。借用原子结构图来表现“整体性”，教学内容是以教科书（质子）和整本书（中子）为物质基础的教学活动，相当于“原子核”；教学活动设计要素为整体的学习情境、具体的学习任务、可见的学习成果；教学实施以自由阅读为基础，以阅读与鉴赏、梳理与探究、表达与交流的综合实践方式进行，综合的学习活动相当于“电子”围绕“原子核”的运动。这种运动处于一个关联系统中，相互作用，相互影响，构成动静结合的整体。

一、问题的提出

整本书是编写者根据一定的目的创作的相互联系的内容联结体，因此，整本书阅读教学能够依托整本书为学生提供复杂的学习情境，形成思维挑战，发展解决实际问题的能力，对学生核心素养发展具有重要意义。但是，多数情况下，整本书阅读教学没有以学生核心素养进行设计与实施，各个学科之间也表现出极大的不均衡，教学成为记忆和训练考试的方式，为考点而进行阅读指导。我们需要建构出适合学生全面发展的超越学科界限的整本书阅读教学实践体系。

（一）各个学科的整本书阅读教学不均衡

在学校中的表现是语文学科一家独大，其他相关学科没有或者较少进行整本书的教学。已经进行整本书阅读教学的，学科之间缺少整合，加重了学生的学习负担。

（二）整本书阅读教学的课程化程度不充分

缺乏课程意识，不能厘清整本书与教科书的关系。多以学科本位进行，科任教师偏重本学科知识领域，较少关注学科核心素养。每个学科的阅读偏向于书中内容和主题的探讨，或者把作品作为方法提炼的仓库，忽视了整本书作为复杂的学习情境对学生思维的挑战。

（三）整本书阅读教学的方式不丰富

整本书阅读教学多以讲解分析为主，重视书中内容和主题的探讨，忽略综合的学习任务设计。整本书阅读教学成为记忆和训练考试的方式，为考点而进行阅读指导。整本书成了应试的材料，教师提炼考点，学生记忆。

从学生学习的视角来审视整本书阅读教学，教学目标不能只停留在提取信息的表层学习阶段，更要走向整合解释的深层学习，走向反思与应用的迁移学习。

二、解决问题的过程与方法

本项目以行动研究为主，在基本假设的基础上提出实施框架，不断细化，调整优化，在教学实践推广的过程中进行深化研究。

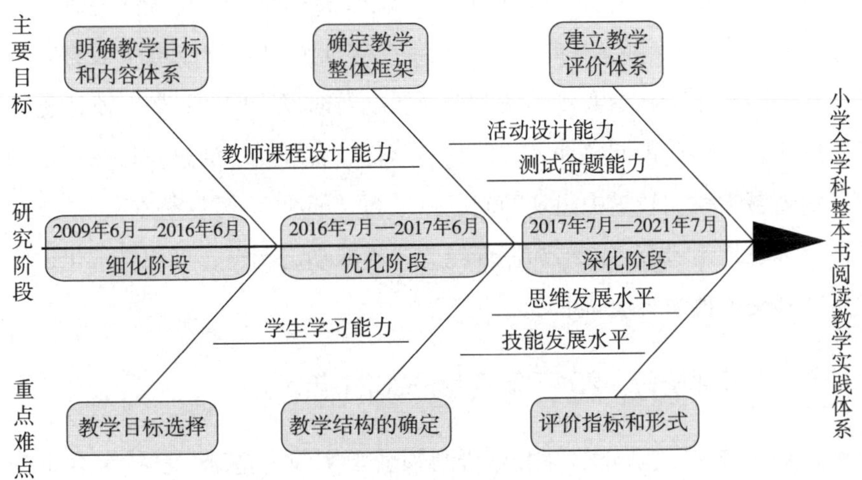

小学全学科整本书阅读教学实践体系研究与实践阶段

具体分为以下三个阶段。

（一）细化阶段：2009 年 6 月—2016 年 6 月

2009 年 6 月，以硕士论文《叶圣陶“读整本书”思想研究》的研究成果作为基础，我初步确立了小学全学科整本书阅读教学实践体系的整体方案，分学科实施。通过文献分析，确定基于核心素养的分学科阅读素养的理论支架，建立了分学科阅读课程目标。搜集一线教师在教学实践中的经验，整理与分析、发现问题，确定了阅读讨论的课型和阅读活动的组织形式。以阅读活动设计能力、阅读测试命题能力和学生的思维与语言发展水平为导向，建立了分学科阅读能力评估的指标和形式。

（二）优化阶段：2016 年 7 月—2017 年 6 月

2016 年 7 月，以国家社科基金课题“基于核心素养的小学整本书阅读课程实施与评价体系研究”为依托，进行小学全学科整本书阅读教学实践体系的优化与实施。组织一线教师分学科进行实践探索，开展行动研究：设计—行动—反馈—调整—再行动—反馈，在实施过程中注重课型的应用实践，每一阶段对实施的实效不断总结经验，及时发现问题；每一阶段进行论证、反馈，根据反馈调整课型，使其科学化、合理化。通过对每轮行动的反思，明晰各学科在教学中出现的问题，结合“核心素养”“整本书”“测评方式”等多种理论研究，总结和梳理经验，不断动态调整，更加科学化，优化了整本书阅读教学实践体系。

（三）深化阶段：2017 年 7 月—2021 年 7 月

2017 年 7 月，以分学科书目研制和教学实施为基础，系统整合了分学科整本书阅读教学目标、整本书阅读教学内容、整本书阅读教学课型、学生阅读能力评估的整本书阅读教学实践体系。建构了基于核心素养的整本书阅读教学实践体系，教师基于此体系按课型来操作整本书阅读教学，通过可见的成果评估学生的阅读能力。建立相应的指标体系，学生能依据能力发展进行学习规划设计，学校可以按照素养框架进行测评整本书阅读教学的效果。

三、成果的主要内容

成果的主要内容分为两个部分，一是教学理念，二是实践模型。教学理念指导教学实践，又在教学实践过程中得以优化，二者之间相互影响，相互作用，形成一个动态的有机联系的整体。

（一）教学理念

在实践的过程中，我们对整本书阅读教学的理念进行了探讨，不断地总结提升，形成了教学指导的框架。

1. 整本书阅读教学目标：由二元对立走向多元融合

整本书阅读教学目标设计，需要从“为社会”与“为人生”的二元选择中走出来，以学生、学科和学习的多元视角进行审视，立足学生长远的全面发展目标，实现每个学科目标的同时，完成立德树人和教书育人的使命。核心素养把课程的社会性与学科属性统一在整本书阅读教学实施中，目标从学科转向学生，从学科的属性与内容转向学科培养和发展学生的核心素养。

2. 整本书阅读教学内容：由多点结构到关联结构

教学内容是用学习工具处理教材内容的活动和过程。整本书阅读教学内容应是以整本书为材料的语文学习任务设计，而不是整本书本身。依据课程标准，依托教科书的内容和练习系统，选择整本书，采用分类、分级、分层的方法。分类，把整本书分为人文社科类、自然科学类、文化艺术类。分级，根据小学不同年段的特点进行推荐。分层，在同一级的书目中，选入不同难度的书，学生可以根据阅读水平有选择地阅读。把过去零散的不系统的教学内容，根据学生素养发展的要求，有序列地关联在一起。

3. 整本书阅读教学过程：由文本解读走向综合实践

整本书阅读是中国传统教育的一部分，势必受到传统教学方式的影响，不容易跳出“文本解读”的方式。用讲解分析的文本解读方式，学生素养发展受限。尝试实现课程标准所提倡的“学科实践”的方式。以分学科的实践活动为基础，整合为跨学科的实践方式，如，阅读与鉴赏、梳理与探究、表达与交流。

（二）实践模型

依据可见的学习理论结合整本书阅读教学的实际，建立了整本书阅读教学实践的模型。小学全学科整本书阅读教学设计以可见的学习为理论视角，关注学生学习方式的变革，在“表层学习”“深层学习”“迁移学习”的完整学习过程中，注重学生提取信息、整合解释和反思评价等阅读能力的培养。在具体的教学实践中，以学生核心素养的发展为导向，以学生学习经验、学习能力为基础，开发导读课、体验课、讨论课等三类课型，引导学生在阅读与鉴赏、梳理与探究、表达与交流等语言实践中，开展整本书阅读的学习活动。不同课型的开发，有利于教师操作，在有规律可循的完整学习过程中，也有利于学生语文学科基本思想和思维方法的形成。

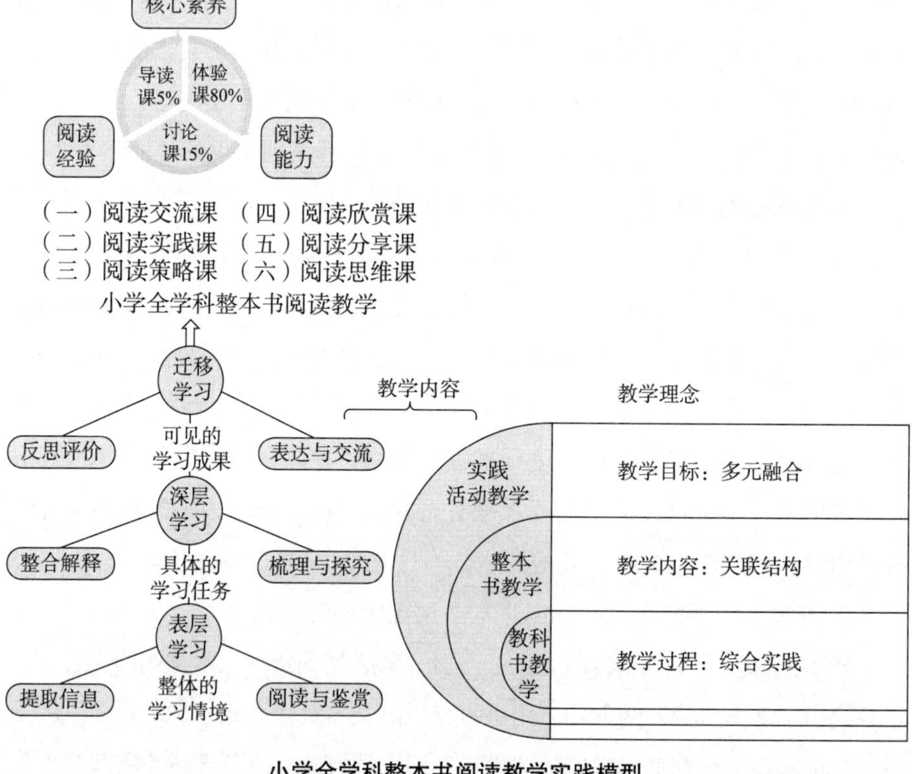

小学全学科整本书阅读教学实践模型

小学全学科整本书阅读教学设计模型可以运用到不同的学科。以语文学科为例，以语文教科书单元的人文主题和语文要素为整合点，确定每个单元的核心目标：学生学习如何以本单元的语文要素表现人文主题。以此为联结点，整合了整本书阅读教学和语文实践活动教学，以阅读与鉴赏、梳理与探究、表达与交流为基本的学习方式，通过设计整体的学习情境、具体的学习任务、可见的学习成果，促进学生的整本书阅读素养的发展。整本书阅读教学与语文课程核心素养的培养紧密结合在一起，主题可以侧重不同的方面，以语文课程核心素养发展为目标，而不是随着图书的内容和教师的喜好而摇摆，最大限度地保证了在有限的时间内，学生能够获得最大的发展。

1. 核心素养导向的目标体系

素养是学生在复杂情境中解决问题的能力，核心素养即解决问题的关键能力。整本书阅读教学的复杂情境为发展核心素养做了物质准备，同时，也因整本书内容过于丰富而容易让学生陷入书的内容之中。因此，必须建立以核心素养为导向的整本书阅读教学目标体系。

以语文学科为例，“2022 年版课标”把核心素养分为语言运用、思维能力、审美创造、文化自信。核心素养需要用更明确的能力目标来表现。阅读与鉴赏能力、梳理与探究能力、表达与交流能力都是语文学科核心素养的表现。

语文学科核心素养的阅读表现

核心素养	关键能力	阅读能力表现
语言运用 思维能力 审美创造 文化自信	阅读与鉴赏	（1）提取信息；（2）整合解释；（3）反思评价。
	梳理与探究	（1）选择提炼；（2）分类比较；（3）抽象概括。
	表达与交流	（1）叙述描述；（2）解释分析；（3）介绍说明。

全学科整本书阅读教学以学生自由阅读的经验为基础，阅读经验发展为阅读能力，阅读能力融合为阅读素养。阅读素养是学生借助文本解决实际问题的水平表现，可以分为语言素养和学习素养。语言素养是理解和运用语言

的实际表现，在迁移情境中能够正确引用或者化用语言。学习素养是能够把阅读中的所得迁移到其他情境中，表现为解决学习困难的水平。教师在整本书阅读教学中有意识从这几方面进行培养，建立不同学科、不同年段的表现标准。

每个学科都可以找到发展学生学科核心素养的整本书。把阅读作为本学科的一个重要的学习方式，阅读各学科的阅读材料，从而掌握这个学科的知识技能，并在此基础上积累该学科的经验，进而发展本学科的思维方式与表达方式，整本书阅读教学的总目标是学生在学科素养基础上的全面发展。

2. 全科整合定向的内容体系

教学内容是运用学习工具处理学习材料的活动过程。全学科整本书阅读的教学内容是用学习工具处理书中内容的不同形式的综合的实践活动过程。全学科整本书阅读书目的确定经历了三个阶段：一是各学科细化本学科书目，二是多个学科建立一个分学段的书目，三是根据核心素养的要求筛选出可供全学科阅读的书目。

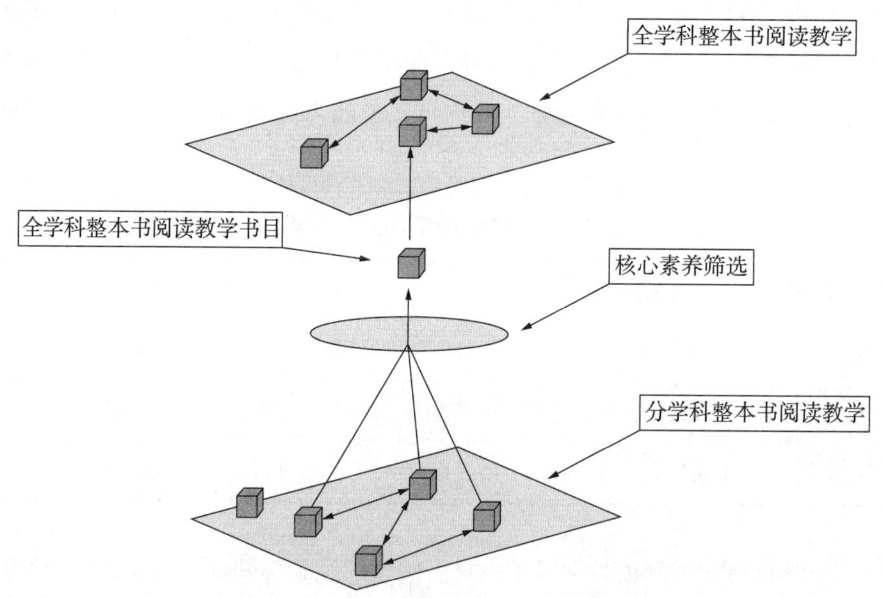

小学全学科整本书阅读教学书目筛选过程

（1）教学书目研制。

学生阅读不同学科的材料以实现本学科思维和表达能力的发展，学习不同的学科，发展核心素养。各学科都开展阅读课程，才能促使阅读多样化，让不同的学生都喜欢阅读、喜欢阅读的材料、喜欢阅读的方式，给学生提供更多的成长路径。学习语文，要读文学类读物；学习数学，要读数学故事、数学家传记等读物；学习英语，要读英文的读物。还有美术、音乐、体育等学科，也应该阅读相关学科领域的内容。

在经过多轮专家论证、社会调查、反复修订之后，最终确定整本书阅读教学学生阅读书目。书目内容共包含语文、数学、科学、人文与艺术、体育五个学科领域，按不同年段确定 100 本适合小学生阅读的，能够为小学生核心素养发展提供支持的书目。

各学科书目的选择与编排都突显学科本质。以语文学科为例，语言类学科天然地与阅读具有更加紧密的联系，语文学科通过强调“语言”来突出语文学科特征，所选择书目分为语言文学类、语言文字类、语言文化类。语言文学类主要包括童话、寓言、小说等，突出情节发展与人物塑造的语言特色，重视阅读兴趣的培养；语言文字类主要包括儿歌、童谣、儿童诗和韵文，突出饱有韵律与意境的语言特色，重视汉字文化的熏陶；语言文化类主要包括对联故事、成语故事、神话故事，突出承载各种文化，尤其是中华民族优秀传统文化的语言特色，重视文化的传承。语文学科阅读课程的学习内容以语言文学类书籍为起点，在建立学生基本阅读能力，培养学生阅读兴趣的基础上，兼顾语言文字类和语言文化类书籍，帮助学生了解中国语言的来龙去脉以及中华文化的博大精深，开阔视野，激发民族自豪感，树立文化自信。

（2）学习活动设计。

学生喜欢学习活动，是因为参与活动才能产生切身的体验，让学习真正发生。教师设计创作“人物卡片”、绘制“故事地图”等学习活动，学生能够从亲身参与的学习活动中获得发展。

下面列举两例。

例 1：借助关键情节，实践、训练推测能力。

蒙蒙：为什么哈尔迪老是吹奏他那支奇特的号角呢？照样子把你的认为写在下面的横线上。

也许因为他<u>认为吹得很好听</u>。

也许因为他________________。

也许因为他________________。

也许因为他________________。

蒙蒙：我觉得哈尔迪老是吹牛，但其实是一个不会游泳、不够勇敢、没有勇气的人。他连水豚都害怕。

童童：不，我同意兔子的话，一个敢于驾驶热气球的人是很勇敢的。这件事连大熊也不会干呢！

小读者们，你同意谁的观点呢？快写下来吧。

我同意______________的观点，我认为哈尔迪是一个__________________的人。

虽然__________，但是__________，所以__________。

例 2：绘制明信片，以文中人物的口吻表达自己的内心情感。

书的最后到了兔子和大熊跟武英离别的时候，那幅画面也非常温馨。

童童：兔子和大熊以后一定会去经常看望武英的。武英也可以飞去看望兔子和大熊。

蒙蒙：也许，他们还会经常写信呐！

这不，童童和蒙蒙还把这幅画制作成了明信片。小读者们，如果你就是武英，把想对兔子和大熊说的话写下来吧。

兔子、大熊：

你们好！

你们最好的朋友：武英

年　　月　　日

总的来说，整本书阅读教学的内容体系是用“分进合击”的方式，以“整合”的思路将各学科的阅读内容转化为学习活动，以“素养”的发展为方向，既关注学生各学科能力的提升，又为学生核心素养的发展提供支持。

3. 综合实践走向的实施体系

整本书阅读教学的实施，一定要从方向、方式和方法等方面做系统的研究。方向，是教学的意向，是教学价值选择的结果，关系到最后要达成什么目标。方式，是分类实施教学的样式，决定了教师用什么样的教学行为进行课堂教学。方法，是具体实施策略的分解，体现了不同方式的功能，既包含教师指导方法，也包含学生个人阅读理解和表达交流的方法，是整本书阅读教学实施的重要部分。

梳理探究是整本书阅读教学实施的主要方式，具体分为问题探究式、分享交流式、作品展示式。

整本书的讨论，不只在于“深度”，更在于“角度”。现实中解决问题时，很多不是思维深度的问题，而是思维角度的问题，角度不同，结果不同。因此，要重视整本书讨论的角度。

学生读书不能局限于细节，要能够跳出书的内容，建立结构意识。同类的书，可以比较出相同的结构形式；不同类的书要进行区分。学生掌握了书的结构，就能够了解作者的思维方式，理清思路。

在讨论初期以内容为主，逐渐转向以策略为主，最后指向学生的素养发展。也可以直接从学生素养发展的高度进行整体设计，把前面 5 个角度（分析人物、梳理结构、研究细节、领悟表达和体验策略）作为基本的方式，整合在一起进行。

对课堂教学进行功能定位，会让老师有更明确的目标。从教学的层面来说，讨论的方式与角度不同，需要设计不同的课堂教学形式。从学的层面来说，要通过讨论分享等形式，学习阅读的方法、讨论的方法、表达的方法。

整本书阅读教学实施分为导读课、讨论课、体验课，体验课占 80%，导读课占 5%，讨论课占 15%。导读课和讨论课是要经过老师精心设计的课，所以，要有基本稳定的结构，让学生在结构中学会学习，不但获得阅读素养，也要提升学习素养，为终身学习打下基础。因此，这两种课都要考虑和教科书教学的关系，可以和教科书的单元对应联系。体验课相对自由，结构比较灵活，定位在让学生大量的、广泛的阅读，充分体验阅读过程，在自读的过程中尝试，在交流的过程中碰撞，最终积累个人阅读经验。

整本书阅读教学实施的方向是学生阅读素养的发展，学生的思维和表达水平都应该在学习过程中得到显性提升。教学的方式从实施和设计的角度考量，教师可以按照学生年龄特点、读物特点、阅读规律来进行指导。在指导过程中，教师要关注学生的心理需求，让学生能够解决自己关心的问题。方法是最需要教师用力的，教师要能够发现书中的细节，让学生在平凡之处发现自己不易发现的东西。整本书阅读教学实施的方向从图书转向学生，方式从听讲变为实践，方法从术语变为行动。这样，学生才会喜欢，教师才会有成就感，整本书阅读教学实施的效益才能实现最大化。

4. 成果表现取向的评价体系

表现性评价把终结性评价和形成性评价的要素结合起来，通过学习成果来评价学生的核心素养发展。学生的素养最终以可见的成果的形式来呈现，而这种呈现不只是测试中的表现，更贯穿于教学的全过程，体现了“教—学—评”的一致性。让过程性评价体现在日常的教学行为中，师生对阅读的成果都能够及时了解，以便对学习过程做出调整。

把国际阅读素养测试的思路和方法运用到汉语的阅读素养的测试当中来。学科阅读的效果通过评价学生的阅读素养和阅读能力来显现。在数学、英语等学科的测评中要考查学科阅读和表达的能力。美术、体育和音乐等学科在测评时，有现场的阅读、现场的学科表达。创设解决问题的情境，从学科问题出发，通过学生解决实际问题的能力表现来评估素养的发展水平。

所有学科的测评总体目标都应该指向“学科思维与表达”，进行“实践导向”的整体学习情境、具体的学习任务、可见的学习成果。学生经历学习过程，获得阅读经验，进而发展阅读能力和阅读素养。以整本书的图文为思维和表达转换的中介，把内在的情感、思维与外显的图像与文字统一起来。

如，三年级上学期《安徒生童话》的阅读评价，通过“阅读经验”和“阅读能力”两个方面来评测阅读素养。评测以设计实践活动的方式进行，与指标相对应看学生在实践中的具体表现。

三年级《安徒生童话》“教—学—评”指标及活动设计

指标分类				实践设计
阅读经验	整体经验	文本	童话人物形象深入人心，每一个故事看似简单，却富含哲理。	有人说，“《丑小鸭》犹如安徒生的一篇童话传记，故事和作家的生平异常吻合”。你同意这种说法吗？
		作者	开启创作童话的先河，以浪漫而又幽默的笔调，改变了现代童话的面貌。	阅读安徒生的资料，了解安徒生的人生经历，看看安徒生与丑小鸭的故事有哪些相同或相似之处。
		读者	只有努力才可以成功，有梦想，努力就可以变成现实。	阅读《格林童话》《安徒生童话》，比较其中的主人公，选择1～2个人物，谈谈发现。
	文体经验	人物	主人公大多出身社会底层，但他们对未来充满信心，遇到困难时不气馁，顽强抗争，依靠自己的能力、不懈的意志不断努力。	读《安徒生童话》，找到与下面插图相匹配的童话故事名字。再仔细回到书中找到相关语句读一读，这些插图中的人物形象与你想象中的接近吗？
		情节	曲折多变，充满奇幻色彩。	读《丑小鸭》，丑小鸭都遭遇到了哪些困难？
		语言	将诗性和文学性注入幻想故事。	摘录有新鲜感的词句。
阅读能力	思考力	检索提取	提取文中显性或较为集中的隐性信息。	读一读不同翻译家翻译的《皇帝的新装》，尝试谈谈发现的不同。
		整合解释	初步形成对人物特点的了解。	找到与下面插图相匹配的童话故事名字。再仔细回到书中找到相关语句读一读，这些插图中的人物形象与你想象中的接近吗？
		反思评价	通过比较阅读，尝试发现故事人物的不同。	阅读《格林童话》《安徒生童话》，比较其中的主人公，谈谈发现。
	表达力	设计制作	能够借助书中的重要信息，简单梳理人物成长地图或故事发展图。	根据《丑小鸭》的成长经历设计一张丑小鸭成长地图。
		应用写作	感受作品中有新鲜感的词句。	选择《安徒生童话》中的一个故事，将其改编成剧本进行表演。

四、效果与反思

本成果是主持人历经三个工作单位完成的，直接参与的相关专家30余人，各科任教师200余人，小学生2400余人。该成果也是多个区域、学校共同合作完成的，成果的形成过程实现了培养学生、发展教师、影响家长的目的。本成果融合国内外阅读理念，丰富发展了传统的阅读观念和阅读形式，形成了教学理念的指导原则；建立了实践模型，为整本书阅读教学的课程化提供了参考，为不同学校和地区实施整本书阅读教学提供了案例支持。

（一）实践效果

1. 推广应用

在多个省市报告成果内容或执教整本书阅读教学研究课。北京市、河南郑州、河北石家庄、山东临朐、浙江浦江等地，线上线下参与培训的教师达20万人次以上。

该成果在北京市各个区进行推广，有城区学校，也有农村学校。先后组织召开10次专题研讨会（其中国际研讨会2次），现场教研100余次。成果《以“整本书阅读”构建全学科阅读新场景》在《中国教师》上发表，集中展现了一所学校的推广经验。

阶段性成果《小学读整本书教学实施方略》《儿童阅读的力量》于2020年4月出版。《小学读整本书教学实施方略》被多所学校或名师工作室列为必读书目进行读书交流，还入选“爱阅童书100·教师书目”的10本书之一，向全国教师推广。《儿童阅读的力量》入选“中国教育报2020年度教师喜爱的100本书”。江苏常州、浙江天台、广东深圳、山东德州、河南许昌、陕西西安、福建福鼎和建瓯等地的多所学校及名师工作室选取本成果的著作为必读书目，进行集中研讨，按照书中内容进行教学实践。

“每个孩子都能学好阅读”系列书受到家长的广泛关注，网上公益授课，单次听众最高达到25.6万人，累计听众50余万人次。

2. 学术影响

本成果内容在义务教育语文课程标准修订、中国基础教育质量监测协同创新中心小学语文素养测评与诊断改进等专业活动中被介绍。成果主持人被聘为中小学语文国家教材建设重点研究基地特聘研究员。

出版专著 5 部，编著 20 余册，将由教育科学出版社出版《小学读整本书教学理论与实践》(上、下册)；主编《童蒙奇遇记——小学语文整本书阅读实践手册》(6 册，北京师范大学出版社),《小学语文单元整体教学理论与实务》(人民教育出版社)。

发表相关论文 40 余篇，其中 C 刊 2 篇，核心期刊 2 篇，人大复印报刊资料转载 5 篇。硕士论文成为国内第一篇系统研究整本书阅读教学思想的学位论文，被下载 5397 次，引用 206 次。

3. 媒体报道

2019 年《星教师》以《人人都重视的阅读素养，到底是什么，怎么评》转载部分成果。专家为成果专著所作序言被多家报刊转载：2020 年 6 月 22 日,《中国教师报》发表《"读整本书" 教学再出发》；2020 年 7 月 1 日,《中华读书报》发表《我看读整本书》；2020 年 7 月 8 日,《中国教育报》发表《漫长阅读历程的新探索》；2020 年 8 月 31 日,《中国出版传媒商报》以《整本书阅读的本来面目》来报道主要成果。

（二）需要进一步探索的问题

本成果主要集中在教学实践领域，虽然借鉴了朱子读书法等传统经验，借鉴了国际阅读能力测试及可见的学习理论，但是，总体来说，对理论的探索还存在不足。本成果总结出一些规律性的观念，如，教学理念、课型划分、设计要素等，但是，因为小学的学科比较多，本研究更多地聚焦在有着先天阅读优势的语文学科。实践的全学科整本书阅读教学还是一个雏形，还要在书目研制、内容安排、活动设计、能力表现方面做研究。

小学的三个年段之间，如何更科学和完整地建立整本书序列，如何更加科学地探索阅读能力和阅读习惯的内在序列，还应该在实践中不断思考和改进。

我们看到了全学科整本书阅读教学实践体系的冰山一角，也想象到了整个冰山的样貌，因为时代的局限性、研究能力的局限性，仍需要继续努力，用一生的时间去探索。

第五节　分进合击：学科阅读的意义、内涵与实施

学科阅读是在各个学科开展与本学科相对应的阅读。国内提倡学科阅读一般用“全学科阅读”的概念，意即在各个学科开展的阅读或者实现跨学科的阅读，更强调的是整合各个学科或学科内整合的阅读。

在现阶段，实施超越学科本身思维方式和表达方式的整合的阅读还是一种理想，或者是高级阶段。现在应该是学科阅读的阶段，要研究各个学科的阅读目标，选择本学科阅读材料，开展本学科阅读教学，实践本学科阅读评估。学校需要具有课程规划设计的能力，教师需要具备选择和施教的能力，学生需要积累不同学科的阅读经验，这些都需要时间。

学科的界限是阅读材料的内容范围。阅读就是通过不同学科的材料实现本学科思维能力和表达能力的发展，通过学科阅读这种方式去学习不同的学科，发展学生的核心素养。阅读像是做饭的本领，而学科阅读材料就是不同的食材。针对不同的食材，得用不同的方式。学科阅读恰恰就是这样的，同样是阅读，因为学科的不同、阅读材料的不同，所采取的阅读方式是不一样的。

一、学科阅读的意义

民国时期出现了一批大师级的人物。这些人传统文化的底子是非常深厚的，他们中多数是从外国留学归来，东西方文化的碰撞使得他们的学问得到了很大的提升。新中国成立之后，很多海外留学生回到祖国参加建设，比如郭永怀、钱学森等，他们回到祖国的怀抱，对我国的经济、文化、科技的发

展起到了至关重要的作用。

再比如，大家熟知的天才人物达·芬奇，他在绘画领域、科学领域，甚至在医学领域、天体物理学领域等都有所成就。现在我国也需要这样的人才，未来更需要这样的人才。

学科阅读，首先要让学生从小就能接触到各个学科的阅读材料，其次要让学生在阅读不同材料的过程中发展多种思维方式。随着脑科学和心理学的普及，大家对“全脑开发”“情商作用”等词语不再陌生。阅读不同学科的材料，用不同的方式阅读，学生的大脑中就会建立多样的联结方式。婴儿的大脑就像开发区，学习活动就好像修建不同的道路。道路四通八达，大脑就会开发得好。因此进行学科阅读，也为不同神经元之间建立联结提供了可能性。要通过学科阅读去发展或者发现学生各方面的优势。

学科阅读能从不同的角度去培养学生。熟悉各个学科才能打通不同学科之间的壁垒。让学生能够找到自己喜欢的、适合自己的思维方式，或者尝试着用多种方式去思考，这是有利于学生全面、多层次发展的一种阅读。这样，他们在长大之后，在相应的专业领域里才有可能有更高的建树。

从古至今，我国都是一个重视阅读的国度，但是现在看来，很多时候观念上的重视，在实践中没有起到应有的作用。“第十七次全国国民阅读调查结果”的数据显示：0—17周岁未成年人的听书率为34.7%，较2018年的平均水平（26.2%）提高了8.5个百分点。具体来看，0—8周岁儿童的听书率为36.5%，9—13周岁少年儿童的听书率为30.5%，14—17周岁青少年的听书率为35.8%。多媒体阅读的时间和数量都在急剧增加，但是，因为阅读材料的问题，仍然不能算作是有品质的阅读。所以就阅读来说，还需要付出很多努力。

我国的阅读常常有重文轻理的现象，往往特别重视文化的阅读、文学的阅读，比较轻视科学和艺术等方面的阅读，这在现实中造成了很多问题。提倡学科阅读，这样才能促使阅读多样化，才能让不同的学生都喜欢阅读、喜欢阅读的材料、喜欢阅读的方式，给学生提供更多的成长路径。

总的来说，学科阅读是用分进合击的方式培养整合型人才的角度出发的。学科阅读表现为分科，最后一定也要整合在一起，表现为人的素养。

二、学科阅读的内涵

学科阅读，即阅读各学科的阅读材料，从而掌握这个学科的知识技能，并在此基础上积累该学科的经验，进而发展本学科的思维方式与表达方式，学科阅读的目标是让学生在学科精细化基础上得到全面发展。

（一）概念

学科阅读有两层含义。第一，借助不同学科领域的阅读材料进行阅读。比如，学习语文，要读文学类读物；学习数学，要读数学故事、数学家传记等读物；学习英语，要读英文的读物。还有美术、音乐、体育等学科，也应该阅读相关学科领域的内容。第二，学科阅读是凭借不同学科的思维方式进行的阅读。比如，读一本跟数学相关的故事书，按照数学学科的思维，学生应该去关注其中的数学问题和解决问题的方式，而不是沉迷于故事中的情节和人物，如果倾向于后者，那就依然是语文的学科思维；再如，读英语学科的读物，不能只是读故事，也应该从人物或作者的思维方式、表达方式去理解阅读材料，去理解不同文化背景下的话语方式，这才是属于英语学科的阅读。

学科阅读不是分化出来的关于阅读的又一个概念，而是在阅读的基础上对阅读的细化、深化和结构化。人本身是一个整体，阅读本身也不会分科，现代人需要通过阅读发展综合能力和整体素养。为什么要强调学科阅读呢？学科阅读是处于学习阶段的学生才有的。学科阅读的目的是把阅读进一步细化，让学生学习不同学科的思维方式，从学科的角度去阅读，然后再形成一种合力，助力学生的成长。可以说，学科阅读是一个人成长过程中的必经阶段，也是在一定历史阶段对细化阅读必须强调的。

（二）与其他概念的关联

“读物类型多样化”，指的是学生阅读的材料的多样性，首先是阅读材料的多样，如图画书、桥梁书、文字书等；其次是知识领域的多样，如人文社科领域、自然科学领域等；再就是文化背景的多样，如中国古代作品、外国现代作品等。随着时代的发展，纸质书和电子书，纸媒阅读和多媒体阅读，也成为不同的阅读方式。根据不同的标准，可以选择不同类型的读物。这就是读物类型的多样化，从文本类型、知识领域、文化背景等都可以进行分化和选择。读物类型多样化，为学生的多样化阅读提供了可能性。

“阅读方式多样化”，是指用不同的方式来阅读。狭义的阅读是对文字作品的阅读，其中包含图画、图表的阅读。广义的阅读，是对一切看得见的事物进行的识别、分析、判断与回应。广义的阅读，经过眼耳鼻舌身的多种渠道，由大脑进行分析，从而得以理解，然后做出反应。广义阅读是文字出现之前，人类生存的基本方式。自文字出现以后，狭义的阅读方式变得越来越重要，因为符号的阅读对人的抽象思维能力的发展至关重要。现代人的阅读，应该是在广义阅读的基础上进行的狭义阅读，包括影像阅读、图画阅读、文字阅读等。

“学科阅读”与“阅读材料多样化”的区别是：学科阅读的分类标准比较明确，按照学科来选择阅读材料；学科阅读的分类比较细，包含人文社科和自然科学，又对其进行了更细致的划分，与学校中的科目相对应。二者的交叉点是阅读材料，学科阅读只是选取了其中的一部分材料进行阅读。

“学科阅读”与“阅读方式多样化”的区别是，学科阅读要根据学科思维方式和表达方式来进行阅读，是对狭义阅读的再次分化。希望能够通过这种划分，培养阅读者多角度阅读的能力，从而为阅读素养的培养打下坚实的基础。二者的交叉点是学科阅读也要采用多样化的阅读方式中合适的部分。

“学科阅读”与“阅读材料多样化”“阅读方式多样化”又是紧密联系在一起的。首先是“多样”，学科阅读强调每个学科都要阅读，一定会表现出多样化的特征。其次是“阅读”，学科阅读也是阅读，要服从阅读的心理机制，要遵循阅读的基本规律。

三、学科阅读的实施

很多学校都在尝试学科阅读，还没有可以算得上成功的案例。为什么说不能算成功案例呢？成功案例就应该有一整套课程方案，有目标、有内容、有实施的过程、有评价的方式以及一系列的配套资源。能在A学校实施，也能在B学校实施，这才是学校教育成功的案例。

提倡学科阅读的学校日渐增多，也取得了一定的进展。这些学校的数量还是很少，在地区分布上也表现出不均衡。传统意义上的名校，未必是学科阅读有力推进的学校。实施学科阅读的学校，同样也碰到了很多困难。

（一）学科阅读的现实困难

1. 学科阅读目标不明确

到底是读材料，还是发展学生？目前学校教育中，对于学科阅读的培养目标还不清晰，只停留在让学生知道不同的学科应该读什么，怎么读，读完怎么用本学科的方式去表达自己在这个学科领域内的学习收获的层面。

2. 学科阅读材料缺失

现在的阅读材料是相对丰富的。比如，有很多为数学学科所写的阅读材料，有数学图画书，也有数学故事书，但是在实际中，学校怎样去选择材料，根据什么去选择，还是有一定的操作难度，很多时候会造成阅读材料缺失的状况。再就是音乐、体育、美术相关学科领域供小学生阅读的材料还是太少，选择的空间很小。

3. 学科阅读时间无保障

学校里有数学课，但是大部分没有数学阅读课；有英语课，但也没有英语阅读课；有体育课，同样没有体育阅读课。显然，阅读对于每个学科都非常重要，相应的学科阅读时间也应该同步安排。

4. 学科阅读缺乏指导

科任教师所强调的是教书本上的知识，至于阅读，一般都会定位为课外阅读，而课外阅读大多数时候都是由学生自己选择去读。那么问题就来了，就是当拿出阅读材料的时候，教师常常不知道如何指导学生去阅读。比如，数学教师指导数学阅读，教师会将数学知识通过故事讲出来，学生也比较容易接受。读完这个故事，解决了学习数学知识的目标，其实到这里只走到了一半，作者是如何思考的？他是怎样凭借这个故事就把知识点讲清楚了？作者是怎么表达的？这样表达的效果如何？这些指导工作，很多教师还无法做到。一谈到学科阅读，科任教师更注重或者只会注重学科知识，而忽视阅读指导，或者说是不会指导。

（二）学校应该如何推行学科阅读

目前学校里的阅读没有系统，因为系统需要严密、完整。新的系统观念，是重视部分之间的联系，重视由不同的散点构建出一个系统。

1. 规划学科阅读比例

规划阅读的科目配比。比如，校内有八门学科，语文学科的阅读占的比重一定要大一些。为什么要大一些呢？因为语文中涉及基本的阅读方式，基本的思维方式。除了语文，其他学科的阅读材料也要加入进来，所以语文与其他学科的阅读比例大概是3∶1∶1∶1∶1∶1∶1∶1，语文的阅读可以占到3，其他的学科都要占到1。比如说，语文方面的书有3本，那么其他学科的书也要各有1本；语文阅读课有3节，其他学科阅读课应该有1节。

2. 规定学科阅读时间

时间的规划就是把学科阅读课放进课程表，在课程表中的相应学科下细化为学科阅读课和学科实践课。阅读的时间，基本上也要有以上的一个比例。比如说，一个月要读8本书的话，不能只读一个学科的内容，要把各项科目都计入，可以参考学生校内的课表或与学生讨论共同制定，适当地规划阅读时间。

3. 规范学科阅读方式

学科阅读可以分为语文、数学、英语、科学、音乐、美术、体育等，校内的学科都应该有。不管是在学校里学什么科目，学科阅读都是本学科的一个重要的学习方式。

难道连体育学科也需要阅读吗？答案是肯定的。很多人可能更多地把体育项目理解成一种技能。如果把体育运动理解成是一种生命的活动，是对身体的开发，运动项目的水平就会稳步地提高。经常听到有人说是某某用脑袋去踢球，而某某是用脚去踢球。这背后的含义是什么？就是思维方式的问题。即使是体育也要去阅读，阅读能够让人思考，让人改变思维方式，学生通过阅读能够更深刻全面准确地认识人与体育运动的关系。

第一，带领学生进行影像阅读。最直观的阅读是观看体育赛事，这对每一个学生来说都是非常重要的。我在学校中经常跟体育教师交流的就是不要每天都带着学生去操场上运动，也应该带领学生看体育比赛。比如说，你是一名足球教师，你就要在适当的时候带学生看经过选择的足球比赛视频，让学生在他已有的运动经验的基础上看专业运动员是怎样踢球的，让学生分析球星是怎么踢球的，好在哪里，踢得不好的运动员，是哪里出了什么问题。这些都可以称作广义的阅读。

第二，阅读相关书籍。图书馆中有讲体操、武术等各种体育项目的书籍，但很多学生自己是看不懂的，所以他们不愿意去看这一类型的书。那么，对运动了解更深刻的体育教师就应该带着学生去看图解、示范动作，在阅读中引导学生把书中学到的内容和身体运动联系起来。

用体育这个学科举例子，就是想从另外一个角度告诉大家阅读的重要性，阅读能让人思考。一名体育运动员不能只听教练的话，也应该去思考怎样才能实现教练的意图。

一名学生，不管是学做广播体操、跑步，还是学投掷、跳远和打篮球，都应该动脑筋，不能只是简单地进行肢体模仿。要能够有意识地运动，也要关注自己的身体发展，在运动和安全之间找到平衡点。

体育科目应该阅读，校内其他科目应该阅读，更重要的是研究阅读什么和怎样阅读，而不是读不读。

所有的学科和人的发展密切相关。校内所有学科都应该展开阅读，针对不同的科目，以各种有效的方式去阅读。因为所有的学科都需要学生去思考，思考之后再行动，边思考边行动，将有利于学生综合的、全面的、主动的发展。

（三）科任教师如何进行学科阅读

1. 选择学科阅读的材料

第一个原则是“是”。就是说，所选阅读材料的学科性越明显越好，比如，拿起一本书来一看，就知道是音乐学科的书。

第二个原则是“好”。不同的学科，其表达方式其实是不太一样的。好的表达方式对于学生来说就是清晰明了，能够看得懂。随着学生阅读经验的增加、知识水平的提高，“好”的标准要随之提高。

2. 找到学科阅读的起点

小学阶段，要先在学科阅读中教学生学技能。比如，语文学科阅读，学生要学一点认字、拼音，这是阅读得以开展的前提。美术学科阅读，学生要自己会画一点，比如说，怎样画一只小动物、怎样画一座山。体育学科阅读，学生得会一些基本的体育运动项目，比如跳绳、投掷沙包等。如果一个学生一个字都不认识，什么都没有画过，也没有参加过任何的体育活动，那么他就没有准备好开启学科阅读。也就是说，学科阅读得有基本的生活经验、活动经验作为前提。

不过，学科技能只是一个比较极端的假设，现实中基本没有零起点和零基础的情况。为什么这样说呢？因为 3 岁之前的孩子会涂鸦，会跑会跳会摔倒，也会唱儿歌、听儿歌，也会学表演等。实际上每个学生在学习阶段，都已经为学科阅读做了基本的经验准备。

学科阅读其实是没有门槛的。一个学生，已经具备阅读的基础了，即使一个字都不认识，也能进行图画阅读与影像阅读。但是，个体之间会有一定的差别，这一点必须关注。比如，在 6 岁时开展学科阅读，他就以 6 岁之前的基本经验为基础，不同的年龄阶段显然是有差异的。另外，在不同的学校，这些基本经验也会有一定的差别。

3. 把握学科阅读的重点

学科阅读的材料，承载的一定是学科的知识、技能。阅读材料也有表现方式，要了解作者是如何把学科的知识、技能通过自己的方式表现出来的。

学科阅读路径，第一步，学生要通过阅读理解这个学科表现了什么。第二步，学生要通过阅读来思考作者是怎么表现的。能够遵循这样的路径去学习这两方面就可以了。

当然还需要关注一些细节，比如，要关注学生的表达能力。观察一幅画，学生看着很好看，可以说说究竟哪里画得好。学生要尽量使用这个时间段学到的美术学科术语来描述，比如，小学五年级的学生，可以说画的线条柔和、构图完整、颜色搭配协调等。线条、构图、颜色这些就是这个阶段学生能够使用的术语，这就是学科思维和学科表达相结合。

一、二年级的学生要根据学校所设置的学科来进行阅读。这个阶段要重视从图画向文字过渡的阅读，不管是对文字的识别还是文字的理解，都是这个阶段的重点。学科阅读，都要把文字理解作为重点。

为什么文字很重要呢？因为在起步阶段，学生首先要积累基本的经验和能力，如果基础不够扎实，那么学生的阅读能力可能与之后的学习不匹配，很多有价值的学习材料，学生就无法读懂，也就不能受益。

这个阶段的重点是打基础，并培养学生的阅读习惯。之后，无论哪个学科的阅读，都是兴趣、习惯和学生的阅读经验、阅读能力的延伸和发展。

学生在三、四年级时，文字水平已经得到提高，基本上没有文字阅读的障碍了，适应了凭借文字加上图像的辅助，去理解文本的内容。这个阶段就要把思维的发展作为重点。除了获取知识以外，学生也要开始思考作者的表达方式，感受作者是如何运用各种方式来表达的。

比如，曹文轩先生创作的一本图画书《羽毛》，讲述的是一根羽毛在寻找它到底是谁的羽毛的故事。学生可以从文学的角度来阅读，也可以从美术的角度来阅读。以美术角度来读时，学生就可以关注画家是如何画羽毛的，这根羽毛和那些鸟之间的对应性，阅读的重点也就变为去理解插画师怎样画这根羽毛、怎么表现它飘落的过程、怎样通过画面来表达各种情绪——重点思考美术学科的表达方式。

这本书还可以作为科学学科的书去读，让学生关注鸟和羽毛的关系。什么样的鸟，为什么羽毛的样式不同，羽毛的作用是什么等。不同的阅读角度、不同的学科选这本书的时候，书的作用是不一样的。理解书的表现力，思考作者的表达方式，判断这本书的各种表现形式，是三、四年级学生的阅读重点。

五、六年级的学生学科阅读的重点还是思考作者的表达方式和表现形式。学生要尝试开始提出自己的观点，就是说一说这本书表现得好不好、到位不到位、能不能达到表达的效果。学生要就这些方面进行思考，并且就此提出自己的建议。所以，与三、四年级相比，这时候学科阅读的重点是要求学生能够在阅读中进行表达。

这样，整个小学阶段学科阅读的重点就清楚了：一、二年级学科阅读的重点是培养基本能力，学会提取信息，让学生搞清楚这本书究竟在讲什么；三、四年级的阅读重点在于整合理解，学生要思考作者为什么这样表现就能把中心思想表达出来；五、六年级的学生要重视个人的反思评价，要尝试提出自己的想法和建议。

当然，这只是一个大概的重点划分。每一个阶段可能都会包含这三个方面，随着年级的升高，要逐步凸显后半部分的能力培养。

（四）学科阅读如何进行评价

学科阅读，不管是从学校层面，还是从个体层面，都是一个起步的阶段。我国古代的很多阅读经验需要细化到学科里才会发生作用，这就需要很长的一段时间了。另外，国外的阅读经验也需要本土化的过程，直接拿来会“水土不服”，作用也不会很明显。国际阅读素养测试怎样运用到汉语的阅读素养的测试当中来？现在不同的培训机构、不同的研究机构，都处于研究、转化和实验的初级阶段。要有科学的论证过程，要有数据的支撑，才能大规模测试。

有人会说只要学生综合素质高，无论考什么试题一定都会考得好。这个观点看起来很有道理，在实际当中并不一定成立。因为学生和考试之间是一段很窄的通道，目前，这种通道两端是不对称、不平衡的，有时候也是不稳定的。

考试看似简单，其实复杂。比如，考试的形式，是纸笔测试，还是现场活动测试。这两种测试的目标就不同，纸笔测试更多是评估知识掌握程度，活动测试是评估实践应用能力。再就是考题和平时学习之间的关系，考非所学，学非所考，也会造成成绩不好。比如，语文教师指导学生学科阅读，费了很大力气来学习字词，但是，考试的时候关于字词测试的题目只有很小的比例，而其他试题学生平时训练很少，这也会造成学生考不好。学科阅读和考试之间的关系很复杂，即使是“应试”，有的教师也做得并不好，因为他们不研究测试题的类型，不研究比例关系，在教学中只按照自己习惯的方式来教，以致常常会出现这样的情况：学生费了很大力气学到的东西在考试时并不能表现出来，或者学生平常学的很多东西可能对考试的作用不是特别大。

考试是升学制度当中的重要一环，一定会随着社会的发展不断地调整。现在的高考已经进行改革，各学科试题中阅读的比重不断上升，阅读量、阅读能力都需要极大的提高。在不久的将来，学科阅读和中小学的学科考试也会发生多个层面的联系。中小学生所进行的学科阅读，可能和现在的考试没有太多关系，但是它和未来的高考以及未来人生的考试会有密切的关系。

如何对学科阅读的效果进行评估？一定是评价学生的阅读素养和阅读能力。我曾经所在的学校自 2011 年开始就进行学科阅读和写作的测试。比如，在数学、英语考试中要考查相应的学科阅读和表达能力。美术学科、体育学科和音乐学科在期末考试的时候，也会有现场的阅读、现场的学科表达。从学科问题出发，通过选择题和问答题让学生来思考这个阅读材料究竟在说什么、怎么说。学校这样测试的效果是非常好的，很多学生在这种形式的学习中发现了自己的特长。这样的考试从形式设计到材料选择的难度都很大，但是，对学生和未来的教育来说，都是值得尝试和推广的。

学科阅读是为了把阅读看得更清楚。比如，用肉眼看自己的手掌，只能看到指纹和掌纹；但是如果用放大镜去看，会看到更多纹路细节；如果再用显微镜去看，那就更不一样，也许能看到手掌上的细菌。所以，教学生学科阅读，无非就是给他们不同的看待阅读的工具、看待阅读材料的工具，甚至是反思自我的一些工具。或者，也可以说学科阅读是让学生用不同颜色的眼镜去看待同一个事物或者不同的事物，比如戴上红色镜片的眼镜，你去看这些字，你会看到什么，你去看这幅画，你会看到什么，戴上绿色镜片，看到的又是什么，最后，把所有的观察合在一起有什么样的发现。这就是学科阅读的意义，最后要把它变成学生的阅读素养。

学科阅读无非是给学生的阅读提供了丰富性和选择性，为了他们发展的更大的可能性。学科阅读是一个阶段性的存在，等到学科阅读的理论体系和实践体系成熟了，自然会进化成更加整合的模糊了学科界限的全科阅读，那时它的名字就叫阅读。

第六节　数据思维：人工智能时代的儿童阅读

从古至今，阅读都是人们所重视的话题，尤其是儿童阅读，虽每个人观点各异，但是话题的讨论不能忽略其时代背景。社会因时代的不同而受到不同的影响，现在的儿童阅读应该从知识的获得向素养转变，只有这样，儿童阅读才能真正地为儿童发展贡献力量，真正地可以把儿童培养成适应未来社会发展的人才。

现在处于人工智能时代，ChatGPT 已经引起了广泛的关注，很多人也会想“我的职业应该怎么办”。使用人工智能搜索了有关整本书阅读的论文——《小学整本书阅读学习任务设计的研究》，人工智能提供了范文、查重报告以及一系列参考文献。在 ChatGPT 上提问：整本书阅读能力测评框架与单篇文本阅读能力测评框架有什么不同？ ChatGPT 也做出回应：第一，表现在测评内容不同。整本书阅读测评框架主要关注学生在阅读长篇故事、小说、传记等完整的书籍时的阅读能力，需要学生在较长时间内维持注意力，理解故事情节、角色关系和情感变化等内容，其关注的点是长篇、长时间以及相应的关系；而单篇关注的是短篇文本的主要内容和关键信息，它们的测评内容是不一样的。第二，测评方式不同。整本书关注多个层次的阅读理解和分析；而单篇文本阅读测评主要是单次阅读和答题，短时间内快速获取和理解主要内容和关键信息。第三，测评指标不同。整本书阅读能力测评多个方面，如故事情节、角色关系、情感变化、主题和作者意图；而单篇文本阅读能力测评指标相对较少，如词汇理解、主旨概括，细节理解等内容。ChatGPT 从三个方面列举了两者的不同之处，并做出相应的解释。实际上 ChatGPT 给出的答案是有一定的框架的：整本书就多，单篇就少；整本书就长，单篇就短；整本书就复杂，单篇就简单。它利用这样一个模式进行回答，也就此发现 ChatGPT 是如何处理信息的，比如有一千篇相关的文章，得到数据后进行数据比对，利用框架进行回应，因此可能它的答案看似严谨复杂，其实背后的逻辑是简单的。

因此，如何正确看待 ChatGPT 是需要每个人去思考的。传统的阅读是以符号思维为基础的，中国的阅读讲求虚心涵泳、居敬持志，需要咬文嚼字，甚至理解每一个字、标点背后的含义，这也是中国人“微言大义”的解读过程。其实在“四书五经”的时代，每一个读书人都在做这样的工作，但现在处于大数据时代，人工智能代表了数据思维，而传统的阅读代表了符号思维。现在的阅读既不是单纯的符号思维，也不是单纯的数据思维，人类的阅读应该变为以符号思维为基础的数据思维的阅读。只有这样，才能更好地在阅读中受益，更好地发展素养，也能更好地适应未来社会的变革。

一、预见未来：儿童为什么要阅读

不愿意读书的同学一般分三种情况：第一种是认为自身阅读能力太差而读不明白书、不能建构意义，这也是传统意义上所说的阅读障碍，因此学生读书的兴趣受到影响，进而因为读无所获而不愿意读书；第二种是没有时间阅读，尤其是初中高中的学生把阅读与学习截然分开，把阅读叠加在学习之上；第三种是认为书籍太多太厚。这三种情况都表现为“不是我不想阅读，而是阅读对我而言太难了，我没有办法进行阅读”①。此时很多人就会探讨，一个学生愿意阅读的原因是什么？其背后的动力是什么？我们常说“兴趣是最好的老师”，当一个学生读不懂、学不会、做不对的时候，无论是阅读、游泳、打球，还是学习任何一门技术，他都会因为得不到正向的反馈降低学

---

① 彭小六 . 洋葱阅读法［M］. 北京：北京联合出版公司，2018：30.

习兴趣，丧失学习动力。

阅读的目的就是动力，阅读的目的本身就是阅读的动力，那目的是什么呢？能否以一个旁观者的身份让孩子俯视自己的人生？阅读可以帮助学生思维发生改变，跳出迷宫去俯瞰现在的事情。每一个学生的阅读都应该能跳出现实的困境来俯视自己当下的行为。

（一）阅读的目的

阅读的目的在传统意义上说，有以下角度：阅读的第一个目的在于解释问题，大千世界有很多不懂的地方，靠自己是不够的，得靠前人，靠他人，靠更多人的思想去解释问题。第二个目的是要解决问题，过去很多读书人强调用微言大义去解释问题，读书人往往被批判，如“两脚书橱”“人形鹦鹉”“人云亦云”“百无一用是书生”，因为他们不能解决现实的问题，甚至不能解决自己家里的日常生活问题，而现代的阅读能帮助解决问题，帮助学生解决学习的难题。第三个目的是预测问题，在看电视剧时会预测影视情节，阅读也是一样，面对复杂的人生，同样需要预测的能力。阅读的目的在于解释问题、解决问题和预测问题，也是为了更好地预测未来和拥抱未来，学生会因此把阅读当作解决当下问题的途径，因阅读而受益，对未来充满希望，充满动力地不断阅读。

（二）阅读的动力

我们需要哪些应对未来的能力？有学者研究表明，应对未来的能力主要包括四种：第一，在思考人生中所遇到问题的能力，这个能力可以从书中得来。比如，《老人与海》中的老人是否将钓到的一条大鱼带回去？当人生面对风险，是放弃还是坚持，做一个懦夫还是硬汉？第二，探索人生可能性的能力。书籍展现了别人的人生，如，《鲁滨逊漂流记》《爱丽丝漫游奇境记》《汤姆·索亚历险记》《西游记》《徐霞客游记》这些书展现了不同人生的不同命运，那人生到底应该怎么样？很多老师在与学生讨论《西游记》的时候也会问：“你想成为谁那样的人？是唐僧、孙悟空、猪八戒，还是沙和尚？”

第三，做出适当区分和必要联系的能力。首先要区分价值观上的同与不同，其次就是有必要的联系，才能解释后面所要发生的故事情节，提出合理性。第四，做出合理判断的能力。任何一本书都有相当复杂的体系，因此这四种能力在阅读中非常易于训练，学生要读懂这本书，要么把自己代入这个角色，要么跟着主角去解决问题，思考自己的人生。

因此，阅读就像宇航员模拟舱的训练，训练的目的在于有朝一日冲上太空，成为真正的宇航员，而学生现在的训练就是为以后踏上社会做准备，学生可以在阅读过程中不断模拟人生，提高自己的能力。比如，提出适当的问题，阐明问题，想象人生的可能，看清事物的发展方向，评估其他选择的可能性，善于与人交流，拥有合作思维，其实这些都是儿童适应未来社会所需要的能力。当面对一个复杂的情境，要知道问题在哪儿，找到问题才是解决问题的关键，否则将无法向前推进，所以阅读有助于培养学生多方面的能力。比如，有了明确的目标，我到底应该怎么做？我要成为什么样的人？我未来要成为这样的人需要做什么？我就要去阅读什么样的书，我要在平常干什么事，这关系到学生对未来的认知，学生再去阅读的时候就会有动力。

（三）阅读的思维

在人生目标之下，学生有三个思维可以得到训练：第一是逻辑性思维，如何有步骤有结构地思考；第二就是有效性思维，我做这件事是否可行；第三就是批判性思维。[①] 再一个方面是清晰凝练的表达能力，通过读书可以发现作者是如何表达的，学生也会随之思考，如果我要成为文学家，我应该怎样表达？如果我要成为科学家，我应该怎样表达？如果我要成为艺术家，我应该怎样表达？当阅读有了清晰的目的之后，儿童会发现阅读是一个输入和输出互动的过程。阅读不仅仅是输入，它应该和输出同步进行。有人会问："为什么孩子们读了很多书，但是作文能力没有提高？"这是因为他们把读书变成一个单向的过程。在阅读过程中，输入与输出应紧密结合在一

① 尹红心，李伟. 费曼学习法［M］. 南京：江苏凤凰文艺出版社，2021：29.

起，以平衡思维和表达的关系，因此阅读的目的不在于接受知识，而是成为更好的自己。阅读就好像在做研究，当进行一项研究时，应该时刻提醒自己，为了研究更好地进行，我需要阅读哪些方面的书籍，进行什么方式的阅读。比如，学生在进行研究问题的确定时，需要考虑未来的方向：我未来要成为什么样的人？我的兴趣是什么？我是否还有其他的方向可以选择？我能在其他方面得到帮助吗？因此，一方面，学生要知道未来的方向是什么，明确自身的人生方向是什么；另一方面是当下的焦点，明确自己要解决的首要问题是什么。如果我想成为科学家，我需要从哪些方面做准备？我需要设计分阶段的目标吗？我已具备哪些方面知识的积累？我需要弥补哪些知识的不足？我可以从哪些方面收集信息？因此，当不同学段的学生都可以明确这些问题的时候，学生的阅读就会形成非常坚实的基础，进而为其自身的阅读注入动力，而不再过多需要家长、老师的督促，而是变外在行为为学生的内生动力，促使学生在每一阶段思考未来读什么、应该怎么读、需要怎样珍惜时间，抓紧时间去阅读。

因此，当阅读和学生的人生发展统一起来时，此时的阅读就不再是一个问题。阅读需要实用化，实用到学生每个人都是为了最好的自己去阅读，阅读的动力进而产生，“为什么要阅读？”的命题也进行了回答。

在人工智能时代，要有稳定、快速、输出的角度来为儿童阅读提供数据。具体表现在：在家庭中，如何为孩子提供图书，查阅数据，怎样带孩子去图书馆、博物馆以及各种场馆调取信息、拍摄照片、形成资料；在学校中，作为校长或老师，如何为学生提供这样的数据。

二、数据对比：儿童阅读什么材料

儿童阅读什么材料？我们可以从数据思维的角度分析。过去的阅读侧重整本书，这里不仅仅是阅读整本书，可以理解为阅读材料，包括大量的多媒体的数据材料。

（一）跨学科的阅读材料

第一类需要阅读的是跨学科的书。跨学科的书可以提供基本的思维方法和思考方法。人类的普遍思维是怎样的？以《假如动物会吐槽》《自然里的文学课》为例，《假如动物会吐槽》是从动物的视角来讲述自己的特点以及人类对动物的误解，这本书一方面讲解了知识，另一方面也讲述了思维方法——我应该如何去表达自己？人一生都在不断地想问题，可是应该知道怎么想、有什么路径去想。而《自然里的文学课》是把植物和文学相结合。跨学科的书具有跨学科的思维方式。再如《昆虫记》《小昆虫，大奇迹》这两本书，法布尔的名作《昆虫记》兼具了昆虫的境界与法布尔的理想，通过科学与文学相结合的方式来展现法布尔的观察所得，但是学生如果只是阅读这本书，可能无法很好地理解作者与这部作品的关系；而《小昆虫，大奇迹》很好地展现了法布尔创作《昆虫记》的过程，如果将这两本书结合起来阅读会产生不一样的效应。再如图画书与如何制作图画书，孩子们读过很多图画书，但是《如何创作图画书：小孩一学就会的实用指南》这本书里讲述了作者与绘者如何合作去完成一本书。当学生自己去尝试做一本书的时候，他更能理解作者是怎样去创作一本书的，作者的创作方法方法是什么。这就是第一类跨学科类型的书。

（二）同主题同类型的阅读材料

第二类是同主题同类型的书。其中涉及基本信息与基本方法。在讲授五年级下册第七单元“介绍一个地方”的时候，我推荐学生阅读了《人一生要去的100个地方·中国篇》《孩子不可不知的世界遗产·中国篇》《世界遗产·中国篇》三本书，这三本书都讲述了北京的世界遗产，如天坛、故宫、颐和园等，但是它们具体侧重表现的角度不一样。以长城为例，《孩子不可不知的世界遗产·中国篇》中的介绍非常详细，图文结合，设计多种栏目；《世界遗产·中国篇》是以图片为主的开本，文字较少，关于长城的介绍篇目只有两页，但是非常震撼；另外一本书中《中华民族的脊梁——万里长城》部分分几个小的栏目来讲解长城。我们可以发现，在传达相同的信息时，它们的方式是不同的，有的是文字较多，有的是图片较多，有的是文图均衡。同主题同类型的书之间会形成数据的对比，因此我们需要做到数据的类型化，具备数据的供给思维。

“2022 年版课标”中的“跨学科学习”“跨媒介阅读”适应了人工智能时代的要求，人工智能先通过对大量数据的提取（比如，对整本书阅读相关的检索），进行信息的层层筛选组合，得出相应的答案。因此，数据思维不是以解读为前提的，而是以提取为前提的。当和人工智能对话时，人工通过模型处理来提供唯一的一条信息，或者一条数据，阅读也应该向这个方面转变。因此应该让儿童阅读丰富的、大量的、多元的阅读材料，经过层层筛选，为儿童提供精品书籍，而不是像一个饥饿的人扑到面包上疯狂地读、从头读到尾，这需要借助数据思维进行融合和转换。

三、以写促读：儿童怎样进行阅读

儿童怎样进行阅读？以写促读。这里的“写”不仅仅是指写下来，而是以输出为代表的观念；“促读”的“读”不仅仅指阅读文字，还指以输入为代表的观念。

（一）任务输出

传统的阅读是以输入为主，人们普遍认为，“熟读唐诗三百首，不会作诗也会吟”。在十几年前，我会让我的学生去读、背古诗词，有同学说他们已经忘记了自己在三四岁时熟读成诵的古诗词，其实这背后的原因在于他们只有输入没有输出。95% 的传统的好学生有三条类似的学习经验，或称阅读的经验：第一是认真地听，第二是拼命地记，第三是反复地练。[①] 不可否认，这些有一定的意义和价值，但传统的阅读方式在大数据面前就要败下阵来。

---

① 尹红心，李伟 . 费曼学习法［M］. 南京：江苏凤凰文艺出版社，2021：93.

“认真地听”，要认真听的太多了，很多年轻人会在地铁上看手机刷短视频，或收听有关讲经济、讲社会、讲文化的公开课，接收了大量的信息输入。“拼命地记”，家长会询问孩子们笔记的记录情况，其实需要记录观点和发现而不是信息，在读书的时候圈画、批注并记录自己的观点，并思考这本书对自己当下的生活的影响是什么。“反复地练”，进行标准化的应对，反复练的是什么？其实人的大脑有时候像一台榨汁机，而阅读的材料就像水果，当水果进入榨汁机后需要进行思维处理，其实书的阅读也是这样。反复地练，要练什么，要练自己的思考，练自己的思维。我用我的思维来处理我所阅读的 100 本书，而不是我单纯去读这 100 本书。就像叔本华所说，“不要让自己的大脑成为别人思想的跑马场”，我国古人也说“尽信书则不如无书”，传统的输入型的阅读需要将输入和输出相对，或者形成互动的关系，这里的“以写促读”，输出要以教代学。

其实很多家长和老师都会发现，孩子一开始读书都有热情，但是读着读着就没有热情了，这背后的主要原因在于他们没有交流、反馈和表达的空间。我们应该设计完整的时间让学生来输出。大家是否有这样的经验：当你去教别人的时候，你对知识就会越来越明晰。例如，我做学生的时候，给同学讲题，自己讲着讲着就明白了；我做老师时也是这样的，以“行动研究”的概念为例，作为在读博士的我会经常思考行动研究的本质到底是什么。当我带着项目 100 多位学员去读行动研究相关的书以及我自己做工作坊的时候，我对“行动研究”的理解才逐渐深入。

（二）读写互促

学生怎样去读懂一本书，不仅在于他怎么沉浸式地阅读，而在于他有没有输出的任务。比如说幼儿园、小学的小朋友，通过复述、转述、描述来讲述故事，描述自己看到的东西，这其实就是一种教别人的方式；到了初中、高中，学生可能要把观点、事实以及其中的关系进行讲述，这也是在教别人的方式。当学生去阅读时，首先要做到的就是理解，阅读不是目的，读多少本书也不是目的，阅读是学习的一条路径，要遵循学习的规律。比如说筛选信息的标准和流程，你需要筛选信息，你要有一个筛子，当学生没有筛子的时候就无法很好地筛选信息，而经过训练能形成自己的筛选工具。比如，读《昆虫记》，可以通过目录知道法布尔所介绍的昆虫数目，或者查阅资料得出他所介绍的昆虫数目，明确他讲了哪些类型的昆虫，还要了解法布尔写昆虫的逻辑，知道学习的目的，是站在科学的视角、文学的视角，还是自己人生的视角；同时，如果要成为法布尔这样的人，我可能要去了解法布尔是怎么生活的，思考他是怎么观察的，他是怎么成为科学家的。不一样的目的其实就确立了不一样的学习逻辑。因此阅读的第一步在于确定学习逻辑；第二步是收集信息，要用这个逻辑来锁定信息的来源，形成一个完整的知识框架，了解昆虫的数目，了解作者在介绍昆虫的外形、习性的时候到底是怎么写的，形成相对完整的知识框架；第三步是归类对比，这是思维的核心。要筛选自己需要的信息，保留可靠和重要的信息。比如，法布尔介绍了100种昆虫的外形特点，我根据需要选择30种外形描写传神的昆虫以及20种生活习性特别的昆虫，但是其他人可能选择另外的50种昆虫，随后可以将它们根据特点进行对比分类。

再如，让学生去阅读《人一生要去的100个地方·中国篇》《世界遗产·中国篇》那些书，教师提供了学习任务单，学生对文中“特别的样子”和“特别的感受”进行搜集。学生锁定了信息，最后再来归类对比。前面这几本书虽然写得都很好，但其对象是一般读者，而不是小学生，如果现在给小学生写一本“小学生要去的100个地方”，或称为“人一生要去的100个地方的学生版”，北京的同学选择长城进行描述，教师为学生提供框架、图片，让学生说出介绍的理由并为其命名，以及正文要表达的内容是什么，长城的地理位置、气候特征以及推荐要去的最佳的地方，用文字写出来，它实际上是跨学科的思维和跨学科的表达。因此，阅读是输入和输出相综合的过程，将跨学科的基本思想和思维方法、同主题同类型的基本思想和表达方法相融合，把学生的读与表现融合起来，学生才能够真正地读进去，真正地去理解，也真正地为他自己阅读的目的来服务，也能够帮他将来成为什么样的人提供一种可能性，因此大家在阅读时应重视思考。

（三）工具辅助

这里借用一个资料的三级思考的工具[①]。初级、中级和高级的思考工具是不一样的：初级思考工具有十条，第二条是建议，第三条是做出区分，实际就是分类；中级思考工具有概括或讨论地图，要去按着这样的思维方式让学生去做；高级思考工具，比如有推理图，如何一步一步地进行分析，选择正推还是反推，如何表现路线图，而路线图实际就是思维的过程。现在过于强调思维的结果，但是忽视学生的思考过程与思考路径。高级的思考实际上要有推理的过程，推理的过程更能让阅读者对自己的行为有一个深度的反思。

阅读是很复杂的过程，要用简单的、更加融合的输出来促使它在复杂的信息当中去建立联系，促使思维可视化。而我认为阅读当中有一个非常关键的要素，大人要具备数据共享思维，要提供安全的平台、便捷的方式、友善的态度，这样会让学生愿意跟你分享。比如说家里边要有一个题板，当孩子阅读完一本书之后，他可以写一个词、一句话的感言，把看到的非常复杂的信息整合成一条，这是非常了不起的；在学校里学生要有一个安全的平台，学生不会因为他写得比较幼稚而受到别人的嘲笑。总之，无论是在家里还是在学校里，都要把思维可视化。为此，不太建议抄写好词佳句、做读书笔记、做手抄报，学生就是为了去完成这个作业而去阅读。重视思维的可视化，可以让学生写一句话、画一张图、画一个表情包，让他解释这句话、这张图、这个表情包的意义。思维可视化背后实际是学生的输出，需要学生口语的输出或是书面语的输出。

“人工智能时代的儿童阅读”的阅读目的包含以下几个：第一，要让儿童预见未来，让学生可以看到自己的未来是什么样的；第二，要提供阅读的材料进行数据的对比；第三，以写促读，把输出和输入综合在一起。目的是实用化的，是和我此时此刻紧密关联的，让我每天都因为阅读变得很充实，向我的人生目标又迈进了一步。数据对比要跨学科，要有高度的融合，进行

① 菲利普·卡姆. 20 个儿童思考工具［M］. 冷璐，译. 北京：中国轻工业出版社，2021：9.

数据的对比和分析。大家提供阅读材料的时候，要注意数据的类型化。最后，谈到的是怎样阅读，应该是以写促读，选择以教代学、以输出代替输入的方式，以写来推动阅读，以表达来推动思维。要让学生用简单的结构处理复杂的材料，最终形成的是结构，进行结构化的阅读，使得思维可视化，最终形成自己的阅读思维，为学生未来从事各种工作做准备。

本章小结

一、要点提炼

1. 整本书阅读的教学困境，其根源首先在于教学目标不明晰。或者过于重视内容研讨，把文学作品作为现实问题进行探究和讨论；或者把作品作为方法提炼的仓库，总结出各式各样的写作技法。这说到底是与语文教学目标的不清晰有关。关于语文教学目标，早在 1923 年的朱自清和穆济波的论争中就已经明确阐述。

2. 叶圣陶“读整本书”教学理论体系，已经形成了稳定的结构。从中国传统语文教育的教材体系中提取出整本书，整本书由以经史子集为代表的古书、文学名著、典范著作三者的交集组成。叶圣陶又从中国传统语文教育的教法中提炼了“精读”和“略读”两种主要方法，二者都以“通读”为基础，都以“讨论”为深化学习的形式。

3. 整本书阅读教学是教学生读整本书，目标是教会学生读整本书，进而发展学生的语文核心素养。对目标、教材、教学的论争一直持续，论争的出发点和落脚点都是“学生”，而教师理念和实践的改变，才能真正促进学生的发展。新的时代，新的教学法，最大的困难还是教师受个人原有经验和观念的束缚。教师的指导决定了学习的过程和效果。新时代的语文教师面临的是教学的深层次问题，需要建立新的专业发展目标，克服传统教学方式的影响。

4. 小学全学科整本书阅读教学实践体系是整本书阅读教学在小学所有学科的课程化实践，包含学科内和跨学科两个阶段。借用原子结构图来表现“整体性”，教学内容是以教科书（质子）和整本书（中子）为物质基础的教学活动，相当于“原子核”；教学活动设计要素为整体的学习情境、具体的学习任务、可见的学习成果；教学实施以自由阅读为基础，以阅读与鉴赏、梳理与探究、表达与交流的综合实践方式进行，综合的学习活动相当于“电子”围绕“原子核”的运动。这种运动处于一个关联系统中，相互作用，相互影响，构成动静结合的整体。

5. 整个小学阶段学科阅读的重点就清楚了：一、二年级学科阅读的重点是培养基本能力，学会提取信息，让学生搞清楚这本书究竟在讲什么；三、四年级的阅读重点在于整合理解，学生要思考作者为什么这样表现就能把中心思想表达出来；五、六年级的学生要重视个人的反思评价，要尝试提出自己的想法和建议。

6. 传统的阅读是以符号思维为基础的，中国的阅读讲求虚心涵泳、居敬持志，需要咬文嚼字，甚至理解每一个字、标点背后的含义，这就是“微言大义”的解读过程。在“四书五经”的时代，每一个读书人都在做这样的工作，但现在处于大数据时代，人工智能代表了数据思维，而传统的阅读代表了符号思维。现在的阅读既不是单纯的符号思维，也不是单纯的数据思维，人类的阅读应该变为以符号思维为基础的数据思维的阅读。只有这样，才能更好地在阅读中受益，更好地发展素养，也能更好地适应未来社会的变革。

二、阅读思考

1.“整本书阅读”“整本书阅读教学”“读整本书教学”“整本书教学”，你认为以上这些概念之间有什么区别与联系？

2. 整本书阅读一直存在于传统语文教育之中，100 多年前的学制改革，仍存在“读经”等科目。你所了解的整本书阅读教学在语文教学中占多大的比重？为什么人人都认为很重要的整本书阅读，在语文教学中没有得到充分的体现？

3. 关于整本书阅读有这样几种观点：一是继承传统，开卷有益，多多益善，学生只要多读书就是好的；二是读书是学生个人的事儿，不需要指导，个性化阅读才是关键；三是学生作为读书的初学者，需要进行很多阅读技法上的指导；四是整本书阅读需要与时俱进，积极拥抱未来，学生完全可以进行多媒体阅读，不用进行纸质阅读了……你认同以上哪种观点？你认为在学校场景中的整本书阅读教学，需要教师怎样在历史、现在、未来之间做出合理的选择？

三、阅读行动

1. 请查阅民国时期整本书阅读教学的文献，看看民国时期的语文教育人，如，朱自清、夏丏尊、余冠英等，对整本书阅读教学有什么不同的观点。

2. 根据实践经验建立的整本书阅读教学体系是否适用你所在的年级，请说说理由。

3. 按照你的理解，做一个班级整本书阅读的课程规划。

______年级______学期______学科整本书阅读课程规划

课程规划	
课程目标	
课程内容（选择图书）	
课程实施	
课程评价	

第二章 — 整本书阅读教学设计

本章导读

教学设计是教师为了优化教学过程、提高教学质量，以认知学习理论、教育传播理论和系统科学理论为基础，根据学生的学习特点和自身的教学风格，对教学过程的各环节、各要素预先进行科学的计划和合理的安排，制定出整体教学运行方案的过程。教学设计强调将教学理论与实践相结合，充分发挥教学理论对教学实践的指导功能。整本书阅读教学设计需要立足整本书阅读教学理念，根据学生的阅读水平和书籍内容的特点进行系统设计。

本章共分为五节。前两节是“2022 年版课标”中关于整本书阅读学习任务群的系统认知、课程理解与教学应用的设想，基于“2022 年版课标”的要求，结合多年教学实践的经验，梳理课程与教学的关系。后三节结合具体的案例，对教学目标、教学重点难点、教学过程的设计进行了说明。对教学过程的设计，附有教学实录，对教学细节进行了展示。然后附上了教学反思，对教学现场进行了反思，提出了今后改进的想法。

第一节　基于课程标准的整本书阅读学习任务群系统认知

“2022 年版课标”的颁布，使整本书阅读学习任务群成为课程内容与组织形式之一，教师应该将其落实在教学层面上。如何从教学层面对其重新进行审视，需要从普遍认识走向系统认知。

一、整本书阅读学习任务群概念解读

理解整本书阅读学习任务群的概念，是进行整本书阅读教学的首要任务。

（一）语文学习任务群

语文学习任务群是语文课程内容的主要组织与呈现方式，由围绕特定学习主题的系列的有内在逻辑关联的语文实践活动组成，共同指向学生的核心素养发展，具有情境性、实践性、综合性。[①] 设计学习任务要围绕特定的学习主题，确定具有内在逻辑关联的语文实践活动。迁移到整本书阅读中，就是要围绕着特定的学习主题，带着一定的阅读目的，组织有内在逻辑关联的语文实践活动。

语文学习任务群是由相互关联的系列的学习任务组成的。学习任务是有

① 中华人民共和国教育部 . 义务教育语文课程标准（2022 年版）[S] . 北京：北京师范大学出版社，2022：19.

目的的学习活动，强调的是学生要有目的地进行阅读。系列的学习任务是阶梯状的、成体系的。整本书阅读学习任务群，最终的目的不是为了阅读量，而是培养解决问题的能力，为了学生核心素养的发展。学生不是为了阅读书中的内容而读书，而是在读书过程中，联系当下的现实生活，并模拟未来的生活，不断培养应对挑战的能力。

（二）整本书阅读学习任务群

整本书阅读学习任务群在“2022 年版课标”中的要求是：“引导学生在语文实践活动中，根据阅读目的和兴趣选择合适的图书，制订阅读计划，综合运用多种方法阅读整本书；借助多种方式分享阅读心得，交流研讨阅读中的问题，积累整本书阅读经验，养成良好阅读习惯，提高整体认知能力，丰富精神世界。”[①]学生的学习是为了应对未来的生活，而未来的生活有各种各样复杂的关系，需要学生思考如何去处理这些关系。学生在阅读整本书的时候，建立与生活的联系，以语言文字完成任务的过程中，思考未来如何去解决实际的问题。整本书阅读的学科定位，语言文字的积累与梳理是其核心，指向学生的语言文字的积累、梳理与运用。其中有两个层面：一是要学生去理解别人是怎么写的，二是如何通过学习作者的写法来表达自己的观点。

二、整本书阅读学习任务群的课程架构

落实整本书阅读学习任务群，要关注到课程标准的提示，特别关注学生应该阅读什么以及应该读到什么程度，以此为基础更好地推动整本书阅读教学。

（一）课程目标：指向核心素养

核心素养的导向要求学生通过读书能够做事，学会去解决一些生活中基

---

① 中华人民共和国教育部 . 义务教育语文课程标准（2022 年版）[S] . 北京：北京师范大学出版社，2022：31–32.

本的问题。比如，读了《昆虫记》，学生自己就想去观察和记录，可以记录从《昆虫记》里学到了什么。学生知道了昆虫的特征和生活习性，观察昆虫的时候，就知道从哪儿开始观察，知道观察之后应该怎样记录，这都是在帮助学生解决现实问题。比如，《亲爱的汉修先生》，书中作家给这个小学生写信，小学生给作家回信等，所涉及的信件有多种类型和方式。学生通过了解这些表述方式会迁移到实际生活中的写信，达到了读书是为了解决问题的目的。

（二）课程内容：指向思维与表达

整本书阅读是为了让学生更深入地理解语文学科的思维方式和表达方式。如果要把语文学科学得更好，学生就要从根源上了解这门学科的思维方式。第一学段可以阅读图画书、儿歌集、童话书等；第二学段可以阅读表现英雄模范事迹的儿童文学名著、中国古今寓言、中国神话传说等作品，比如《小英雄雨来》《雷锋的故事》《稻草人》《爱的教育》等；第三学段阅读反映革命传统的作品，以及科普和科幻等方面的优秀作品。[①] 这些作品，既有语文学科的典型性，又能综合体现多个学科的整合。

（三）课程实施：重视学科实践

我们以《红楼梦》为例来说明实现综合实践的倾向。小学、初中、高中都推荐了《红楼梦》的阅读。不同的学段读《红楼梦》应该怎么读才合理呢？小学生阅读《红楼梦》，抓住书中的对联来提取信息，把对联进行对比分析；学生探究对联的形式和内容；当然还包括描写的内容，有赞美人物的，赞美景物的，还有赞美事物的……到底有哪些类型以及学生如何用对联来表达自己的见闻感受，这些就变成了系统的阅读与鉴赏。学生在阅读《红楼梦》时要梳理和探究这些对联的特点，也要自己学着去运用。学生会发现对联的特点，同时还会发现其中蕴含的文化，将当时的事物、景物、人物联系

① 中华人民共和国教育部 . 义务教育语文课程标准（2022 年版）[S] . 北京：北京师范大学出版社，2022：32.

起来去思考对联背后的意蕴。

初中阶段应该关注《红楼梦》中的诗词。一般人读《红楼梦》时会更关注小说的故事情节和人物的命运，从语文学科的角度来读的时候，要看到其中的诗词，并进行分类研究。

高中阶段就要抓住小说的核心，以理解如何塑造人物形象为中心，领悟《红楼梦》中通过什么情节和语言去刻画人物形象。

不管是对联、诗词，还是人物的研究，在学习的过程中，阅读与鉴赏、梳理与探究、表达与交流都是综合的，最终是学生从读书中形成自己的表达。

（四）课程评价：指向表现性评价

有效的评价应该以成果表现为主。学生读完一本书，可以写报告、出作品集。整本书阅读教学评价以表现性评价为主，既能体现学生的学习成果，又能在这个过程中提升学生解决问题的能力。比如，第二学段要求学生读的是英雄的故事，最后要学会的是讲述英雄模范的动人故事。学生读完书之后不是讲道理，也不是告诉别人这个英雄模范的光辉形象、英勇事迹、性格特点等，而是要能够生动地讲述故事。从这个角度而言，读书的意义不是告诉别人读了什么内容，而是要通过这本书去获得成长和发展。

评价建议提示要进行阶段性评价。对整本书阅读的评价有读书笔记、读书报告会、读书分享会等方式，以引导学生高质量完成整本书的阅读。就整本书阅读的评价建议而言，要从摘抄型的读书笔记、手抄报、好词佳句摘抄本等，变为让学生学会写读书报告。读书报告实际也可以是研究报告。第一，要研究这本书讲了什么；第二，要研究这本书是怎么讲的；第三，要研究可以怎么读这本书。学生写读书报告的时候，就超越了这本书具体的信息，也超越了书本中分散的词句，最终走向学生自己综合的思维和表达。读书报告会，就是把学生读书的成果展示出来。报告会不只是交流会，还要报告在某一点上的研究成果。

学业质量这个部分对学生的阅读讨论做了非常详细的规定，比如学生如何根据材料和自己获得的经验去分享，学生如何参加阅读社群的活动等。学生形成有组织的阅读小组，以活动为载体，学生在活动中贡献智慧。整本书阅读已经变成了学校必须去实施的课程，需要从评价的角度对整本书阅读进行新的尝试。

三、整本书阅读学习任务群的实施程序

整本书阅读学习任务群的整合程度较高，属于拓展型学习任务群。在进行整本书阅读课程实施时，要让学生真正地进行阅读分享的实践，在阅读过程中思考如何建立与现实生活的联系，还要体现整本书的综合特征。

（一）选择一本适合阅读的图书

整本书阅读学习任务群，在“2022 年版课标”里面分了两个层次：第一个层次是引导学生在语文实践活动中学习阅读，要有适当的学习任务去引导学生；第二个层次就是怎样进行阅读。学生要根据阅读目的和兴趣选择图书。选择图书的决定权不能只在家长和教师手中，一定要赋权给学生。学生选择整本书也不能完全凭兴趣，而是要根据阅读目的。整本书对学生核心素养的发展有什么作用，以此为标准才是阅读目的。此外，要结合阅读兴趣来选择合适的图书。从选书的角度来看，学生是主角，教师、家长是辅助。重要的衡量标准就是读这本书是为了实现什么目的，为了学生哪方面的发展。

（二）养成良好的整本书阅读习惯

培养学生良好的阅读习惯，让学生理解怎么使用图书、怎么阅读、怎么分享交流、怎么展示阅读成果。基本的阅读习惯很简单，比如，洗完手再去拿书，读完书要放回原位等。最重要的习惯是这本书应该怎样读，碰到困难怎么解决，是自己解决还是马上去问别人，是要联系书的前后还是去查阅资料找到答案。阅读的过程如何展开？阅读的本质就是思考，要允许学生有阅读的难题，有阅读的疑问留在心中。现在的浅阅读对人的伤害是比较大的，

因为急于去找答案的时候，实际上就少了一种阅读期待。对小学生而言，就少了习惯培养的过程。习惯的培养就是要学生不断地思考，阅读判断的能力和推测的能力会不断提升。整本书阅读要保持适度的阅读期待，学生读一本书，不能只得到观点、答案，应该能从不同的角度回答同一个问题。在不同的角色立场上来思考，学生就会对这本书的价值体系有整体的认知，才能实现丰富学生精神世界的目的。

（三）参与制订阅读计划

阅读是为了学生的发展，所以再难也要读下来。一本书再难懂也要让学生慢慢地攻坚克难，一步一步地把书读懂。这时候就需要制订阅读计划。阅读计划要有时长要求，每天读多长时间；也要有具体的任务，读书要解决什么问题；更要有阅读成果的记录，读完之后，能够概括所读到的内容，抒发读完之后的感想，用一句话来写推荐语。阅读计划不能只是数量方面的要求，也应该有质量的，并且有反馈的记录。

（四）综合运用多种方法阅读

学生阅读不能只靠一种方法，要提示学生阅读方法，让学生对阅读有自己的反思。阅读方法不是直接给出来的，而是让学生思考开始是怎么读的；中间遇到问题的时候，是怎么做的、怎么想的；最后问题解决没有。这是一种非常具体的方法，根据学生的个性不同而有所不同。学生慢慢地对这些方法进行反思提炼，才会形成整本书阅读真正有用的方法。综合运用多种方法，包括精读、略读、浏览等，这些都不应该是教师告诉学生的，而是学生通过自身的阅读体验和经历悟出来的方法，是学生如何思考和解决心中疑难的具体方法。教师和家长都要帮助学生去反思，这样才能形成他的经验系统，然后不断地提炼才会形成自己的方法体系。

（五）及时交流阅读感受

即使是同样年级、同样年龄、同样水平的学生，阅读方式也会有差异。

阅读之后，应该以多种方式来分享、交流、研讨。教师可以引导学生组成阅读小组，及时地和同伴进行阅读交流，共同克服阅读中的困难。

（六）积累整本书阅读的经验

整本书阅读和单篇文章阅读之间的不同之处，在于整本书有复杂的情境和复杂的人物关系。比如，《昆虫记》写了不同的昆虫，写法都不太一样，让学生建立不同章节之间的联系，对学生形成系统的阅读框架来说很重要。学生要积累整本书阅读的经验，为今后再读同一类型的整本书打下坚实的基础。

四、整本书阅读学习任务群的教学实践

整本书阅读作为课程的内容具有系统性的特点，从教学生阅读这个层面，教师需要转变教学观念。

（一）教学设计与实施：由“课外阅读”变为“课内阅读”

教师要有课程设计和实施的意识。过去很长一段时间，我们都是把整本书阅读叫“课外阅读”的。现在课程标准已经规定了，整本书阅读应该是语文课程内容非常重要的一部分，为培养学生的核心素养提供了综合性、实践性的材料。整本书阅读应该从课外阅读变为课内阅读。在日常的教学中，需要对课程标准进行细化，细化到六年的 12 个学期，将整本书阅读和教科书教学进行关联，进行系列化的课程设计。

（二）教学改进与推行：由“知识积累”变为“智慧生成”

教师要有教学方式层面的改进。传统语文教学是以讲解、讲授、讲练为主的，这种方式的好处是知识传播速度比较快，比如教师讲的时候，学生要做笔记，但学生做的笔记一般是记录教师所说的信息，这是“知识累积”型学习方式。现在上课的时候学生可以记录的是自己的思维过程，用图画、文字的方式进行表现，记录下自己的思维判断、变化、成长的过程。这样，学

生能有自己的思想，能用自己的思维来处理信息，那就变成了“智慧生成”。教师需要把讲授式、讲练式的教学，变成任务型的教学。

（三）学习表现与评估：由“天赋差异”变为“群体达标”

教师要改变学生学习表现与评估层面的观念。人与人都不一样，所有人之间都有差别。有的学生天生感悟能力就好，有的学生天生就不爱阅读，有的学生天然能感受到细节，有的学生天然就能感受到情感……学生的理解力、感悟力、观察力不一样。

学生可以用相同的标准来规范阅读，比如说可以为同层次的学生提供不同的几本书，学生可以做出自己的选择。有了一定的选择性，就有了阅读的可能性。有天赋的孩子有自己的阅读经验，再加上教师比较好的总结提炼，他就会读得更好。这里所倡导的一种理念是“群体达标”，这个标准是基本标准。这个标准要按照课程标准的学业质量来制定。建立了基本标准之后，学生就知道应该达到什么标准。阅读能力强的学生，可以超越标准；阅读能力弱的学生，根据这个标准不断地提高，激发自身的内生动力。

“2022 年版课标”的颁布，让整本书阅读成为培养学生阅读素养的重要途径，其地位也被提到了前所未有的高度。随着社会和时代的进步，学生的学习应该从知识获得向素养提升转变，这样阅读才能真正地为人的发展贡献力量，而非只停留在阅读本身，也可以真正地把儿童培养成适应未来社会发展的人才。核心素养时代，为了应对未来的生活，学生需要思考未来如何去解决实际的问题。因此，我们需要通过整本书阅读来让学生积累阅读经验，养成良好的阅读习惯，从而提高学生的整体认知水平和解决实际问题的能力。从理性角度推进对整本书阅读的系统认知，通过解读“2022 年版课标”中的核心概念，为推动整本书阅读课程的实施提供理论依据。教师要让学生明确在整本书阅读中应该读什么、读到什么程度，最终以阶段性的评价促进学生表现性成果的生成。教师应该转变整本书阅读教学的理念，以此为基础更新整本书阅读教学的行动方向，从理念和行动上寻求改变，把握整本书阅读教学的重难点，形成系统化、条理性的认知。

第二节　整本书阅读学习任务群的课程理解与教学应用

经过了多年的实践、探索与讨论，整本书阅读已成为“2022 年版课标”中的学习任务群之一。整本书阅读教学中的核心问题是其课程目标、课程内容、课程实施与课程评价不甚清楚，教师需要从课程的角度来理解整本书阅读对学生发展的价值，从教学的角度教会学生阅读整本书。

一、关于整本书阅读学习任务群的课程理解

整本书的主要作用是提供复杂的学习情境，学生可以在情境中思考和表达。整本书阅读是以“联系”为本质的对学生思维能力与表达能力的综合训练。

整本书阅读学习任务群“旨在引导学生在语文实践活动中，根据阅读目的和兴趣选择合适的图书，制订阅读计划，综合运用多种方法阅读整本书；借助多种方式分享阅读心得，交流研讨阅读中的问题，积累整本书阅读经验，养成良好阅读习惯，提高整体认知能力，丰富精神世界”[①]。

（一）学以为己：整本书阅读学习任务群的课程目标

从“2022 年版课标”的提示可以看出，课程目标是从“阅读能力”“阅

① 中华人民共和国教育部．义务教育语文课程标准（2022 年版）[S]．北京：北京师范大学出版社，2022：31-32.

读经验”“阅读习惯”三个角度来设计的。学生的阅读能力是在阅读的过程中发展形成的。学生通过阅读整本书，使自己提取信息、整合解释、反思评价等方面的阅读能力有所发展。

整本书阅读对学生阅读经验的发展具有重要作用。学生应该为了解释问题而阅读，为了解决问题而阅读：学习与生活中遇到了问题，怎么解决，可以通过什么途径解决，都可以到书中去寻找答案。学生应该为了未来而阅读：想要成为什么样的人，为了成为这样的人需要读什么书、做什么事，应该顺着怎样的轨道前行，也可以到书中去寻找答案。这些是整本书阅读对每一个学生具体而真实的作用。

读别人的故事，想自己的人生，学生在整本书阅读过程中，受到书中人物的影响，精神得以成长。整本书阅读学习任务群与语文课程核心素养有多重关联。整本书能够提供相对整体、复杂的学习情境，能够很好地体现语文课程的综合性、实践性特征，对学生阅读习惯的形成具有不可替代的作用。

（二）学习任务：整本书阅读学习任务群的课程内容

“2022 年版课标”中关于整本书阅读的学习内容是分学段提示的，先提示整本书的类别，再提示要进行的学习活动。因此，课程内容选择的第一步是确定整本书，第二步是进行学习任务的设计。学习任务是有目的的学习活动，需要让学生知道目标是什么，以及为了达到目标需要开展哪些活动。

“语文学习任务群由相互关联的系列学习任务组成，共同指向学生的核心素养发展，具有情境性、实践性、综合性。”[①] 体现综合性，需要从“整体把握”“全面深入”“综合运用”几个角度入手；体现实践性，可以结合“多种方式”用力。综合性和实践性又是不可分割的，所以，设计学习任务时要重视整体设计，在设计任务程序的过程中注意策略方法的渗透。

---

① 中华人民共和国教育部 . 义务教育语文课程标准（2022 年版）[S] . 北京：北京师范大学出版社，2022：19.

（三）学习活动：整本书阅读学习任务群的课程实施

整本书阅读的学习内容是由静态的整本书和动态的学习活动共同构成的。整本书只是学习的材料，是学习的物质基础，这就要求教师在执教的时候不能把读完一本书作为目标，而要以学生的素养发展为目标。为实现这个目标，学生需要参与到学习活动中，教师需要把书中的内容转化为学习活动中的材料，为学生学习提供支撑。小学生普遍喜欢学习活动，参与活动能产生切身体验。教师可以设计“制作人物卡”“绘制故事地图”等活动，让学生在亲身参与的过程中获得成长。

综观“2022年版课标”对整本书阅读小学阶段学习活动的安排，我们可以发现其要求逐渐从阅读走向反思：第一学段主要围绕“体会”“感受”“想象”“学习讲述”等组织学习活动；第二学段以“讲述”“感受”“分享”等方式组织学习活动；第三学段的学习活动是在“阅读”“讲述”“交流”的基础上进行“梳理与反思”，引导学生分享“整本书阅读的经历、体会和阅读方法”。

（四）学习成果：整本书阅读学习任务群的课程评价

整本书中的语料很多，营造的语言环境不同，不同学生关注和选取的事件、表述方式也不一样。如何评价成为保证学生阅读质量的前提。教师应该引导学生围绕与教材单元对应的学习主题进行整本书阅读，并且通过整合表达集中展示阅读成果。有的学生愿意用图画来展示，有的学生愿意用文字来表达。教师应尊重学生的个性化选择。

“应关注整本书阅读和跨学科学习的阶段性评价，采用读书笔记、读书报告会、读书分享会等方式引导学生高质量完成整本书的阅读”[①]。“读书笔记”是学生的作品形式，“报告会”“分享会”是活动形式，对学生个体的评价是基于学生在活动中的成果、表现来进行的。对整本书阅读进行课堂评

---

① 中华人民共和国教育部.义务教育语文课程标准（2022年版）[S].北京：北京师范大学出版社，2022：49.

价一定要有足够的整合意识。“课堂教学评价是过程性评价的主渠道。教师应树立‘教—学—评’一体化的意识，科学选择评价方式，合理使用评价工具，妥善运用评价语言，注重鼓励学生，激发学习积极性。”[①]实现“教—学—评”一体化需要教师对“整合”有充分的理解，由书中内容的整合走向学生素养的融合，最后落实在学生的发展上。

二、整本书阅读学习任务群的教学应用

教师从课程理解的角度看整本书的教学应用，就要从学生素养发展的角度进行教学设计。比如，让学生明确以什么身份阅读，阅读时要注意完成什么学习任务，为完成学习任务需要参加哪些学习活动，学习活动结束后要提交什么学习成果，等等。

（一）创设整本书阅读的学习情境

真实的学习情境是能够引导学生完成真实的学习任务的情境，而不一定是真实的现实生活情境。有意义的学习情境，能让学生有活动意识和角色意识，乐于参与其中，能够在具体的情境中进行思考和表达，并有所收获。

整本书内容丰富多元，与学生的生活联系紧密，在创设情境方面具有独特的优势。整本书阅读的学习情境可以按照“日常生活、文学体验、跨学科学习三类语言文字运用情境”[②]进行创设。

日常生活情境，即还原学生的日常生活，让学生能够把书中的内容与生活实际联系起来的情境。文学体验情境，即让学生进入文学作品创造的情境之中，学生以作品中的故事为凭借，产生角色体验。跨学科学习情境是指跨越学科内容的以学生发展为目标的情境。“跨学科学习情境侧重强调学生综

---

① 中华人民共和国教育部．义务教育语文课程标准（2022 年版）[S]．北京：北京师范大学出版社，2022：48.

② 同①：37.

合运用多门课程知识和思想方法解决实际问题。”[①]整本书阅读中要重视思维方式和思想方法的综合。例如，阅读完《昆虫记》整本书，教师创设一个情境，让学生从不同角度对这本书进行评价。创设这样的情境，可以引导学生超越学科来评价《昆虫记》，最后再进行综合，找到不同角度的结合点，形成整体评价的基本方法。

学习情境的描述要明确“要完成什么任务”“为什么完成这个任务”“以什么角色来完成任务”等问题。学习情境对于学生更好地理解书中内容、发展自我具有重要的作用，能够培养学生解决问题的能力和创新能力。

（二）设计整本书阅读的学习任务

语文学习任务群由围绕特定学习主题的系列的有内在逻辑关联的语文实践活动组成，共同指向学生的核心素养发展，具有情境性、实践性、综合性等特征。要完成最终任务，需要完成不同的子任务，而子任务中又包含不同的学习活动。这就组成了“核心任务—分解任务—学习活动”的任务群。教师在设计学习任务时，需要在不同阶段提出不同的任务要求，并提供不同的学习支架和学习工具。

例如，阅读完《小英雄雨来》，可以设计“为小英雄雨来制作宣传册”的任务。为了完成这个任务，学生需要在了解人物的基础上，对人物的特征进行分析，并从不同角度来表现人物。基于此，可以设计三个子任务：阅读与鉴赏，把握整本书的故事内容；梳理与探究，了解作者是如何通过语言塑造小英雄形象的；表达与交流，从不同角度对小英雄形象进行讨论。

子任务一：阅读与鉴赏——把握故事内容。能从书中找出喜欢的故事并说明理由，能根据故事结构的提示讲述喜欢的故事。

子任务二：梳理与探究——领悟表达方法。能用自己的话描述书中的人

---

① 中华人民共和国教育部．义务教育语文课程标准（2022 年版）[S]．北京：北京师范大学出版社，2022：50.

物，梳理书中表现人物的语言。

子任务三：表达与交流——表现英雄形象。能根据读者对象确定讲述故事的注意事项，能在阅读的过程中发现故事的表达结构，能根据具体的框架写故事。

三个子任务都是围绕“为小英雄雨来制作宣传册”展开的，任务之间相互关联，从阅读到梳理，再到表达，层层递进。

在完成学习任务的过程中，为了让学生能够深入思考和表达，教师要提供相应的工具和材料。思考和表达的工具主要以表格为主，以便于梳理探究和总结提炼，让学生的思维和表达路径更加清晰。例如，使用“鱼骨图”“心情变化图”等梳理整本书的主要内容，用“故事情节图”呈现英雄形象的构建过程，用“英雄形象对比表”确定围绕英雄哪个方面的特点进行讲述，等等。思考的材料分为语言材料和背景材料。语言材料来自原著，供学生思考和揣摩，有利于学生进行语言运用，丰富个体语言经验；背景材料是图书创作的相关说明，是学生思考和判断的依据。工具和材料的使用，能让学生在学习过程中不断地进行思考和表达。学习任务的设计需要整合，每个学习任务达到的训练效果要集中而突出，所有的工具、材料都为达到一个共同目标而服务。

（三）组织整本书阅读的学习活动

学习活动是完成学习任务的具体过程。学习任务明确的是学习的目标和方式，而学习活动保障的是学生在参与的过程中体验和总结学习方法。所以，设计有效的学习活动是学习任务得以实现的“最后一公里”，是学生学有所成的重要凭借。

如在《小英雄雨来》的阅读过程中，为完成不同的子任务，教师设计了不同的学习活动。

阅读与鉴赏分为：学习活动 1，品读英雄事迹。学生从情节入手，感知整本书，了解作者是怎样通过完整的故事情节来刻画人物形象，反映社会生活的。学习活动2，讲述英雄故事。学生厘清了故事情节，串联起八个故事，迁移运用到讲述小英雄雨来的故事上。

梳理与探究分为：学习活动1，交流阅读感受。对比故事情节与自己的心情变化，理解故事情节的跌宕起伏与阅读感受之间的关系。学习活动2，比较英雄形象。采用对比的方法，在比较中直观分析、感悟英雄形象。

表达与交流分为：学习活动1，讲述故事。先聚焦一个自己喜欢的故事，再分工合作，在明确各组要求的情况下分头准备，最后小组内练习，改进完善。学习活动2，相互评价。以特定的身份或角色入情入境地去完成任务，感悟英雄品质，在评价中提升交流表达能力。学习活动3，汇报与拓展。学生先汇报整本书阅读的收获，教师再推荐阅读描写小英雄的系列书籍，如《闪闪的红星》《小兵张嘎》《鸡毛信》等。

学习活动的设计须遵循"由暗到明"的过程。第一学段的学习任务和目标要隐含在设计中，最好不明确出现概念性的词语，使学生能明白每个活动的目标即可，以免给学生造成过重的认知负荷，不利于活动的开展。第二学段的学习任务和目标须与设计相结合，并以学生易于接受的方式命名学习活动，再将相应的语文实践活动附在后面，让学生逐渐明白每个具体活动的学科属性和基本特征。第三学段的学习任务和目标须与设计相统一，可直接以语文实践活动来命名，为学生语文学科基本思维方法的获得打下基础。

（四）进行整本书阅读的表现性评价

整本书阅读过程比较复杂。学生是否理解了，理解到什么程度，在整本书阅读的过程中有哪些学习收获等，这些问题的呈现都需要表现性评价的介入。教师可利用学生可见的学习成果来监测整本书阅读教学目标的达成情况，并将整本书阅读的课堂评价嵌入具体的学习活动中。"在小组合作、汇报展示过程中，教师应提前设计评价量表、告知评价标准，引导学生合理使用评价工具，形成评价结果"[①]。将任务完成的要求与成果的标准对应起来，

---

① 中华人民共和国教育部．义务教育语文课程标准（2022年版）[S]．北京：北京师范大学出版社，2022：48.

引导学生按照标准进行学习活动，完成学习任务，并依据标准对学生的学习成果进行评价。

要“注意考察阅读整本书的全过程，以学生的阅读态度、阅读方法和读书笔记等为依据进行评价”[①]。整本书阅读的评价以学生在阅读过程中的表现和阅读后的成果为主要评价内容。

对学生的学习成果进行表现性评价需要编制评价量表。“教师可以围绕读书的主要环节编制评价量表，制作阅读反思单，引导学生从阅读方法、阅读习惯等方面进行自我反思、自我改进。”[②] 如四年级上学期《小英雄雨来》的整本书阅读评价，一是参考课程标准中的学段要求和学业质量标准。学段要求从总体上规定了本学段整本书阅读的指向，如第二学段“讲述英雄模范的动人故事”；学业质量标准则具体规定了应该达到的程度，如“能讲述故事的主要内容”“能按照一定的顺序讲述见闻”“能用表现事物特征的词语描摹形象”。二是根据教材单元的语文要素。如四年级下册第六单元的语文要素是“学习把握长文章的主要内容，按一定顺序把事情过程写清楚”。进行评价量表设计时要考虑到这两项语文要素是课程标准要求的具体化，在评价标准上要有所体现。三是根据学生理解和表达的基本能力。由于时代的差异，学生对书中人物、事件理解起来有困难，教师在进行评价量表设计时应充分考虑这些因素，并设计适当的评价指标。四是根据整本书本身的特点。《小英雄雨来》是从儿童视角讲述英雄故事的，语言贴近儿童。综合以上几个角度进行衡量，找到交会点，就可以确定此次学习成果的评价标准。学习成果是以文字的形式讲述故事，具体标准参见下页表。学生根据这个标准进行准备、练习，完成作品。对作品内容方面的要求：概括介绍《小英雄雨来》，陈述最喜欢的角色，列出至少两条喜欢的理由，总结陈述。对作品语言方面的要求：使用常见的连词和成语。

---

① 中华人民共和国教育部．义务教育语文课程标准（2022 年版）[S]．北京：北京师范大学出版社，2022：34.

② 同①.

《小英雄雨来》"讲述故事"评价标准

超出成功标准	满足成功标准	接近成功标准	远未达到成功标准
符合所有成功标准，并加上： （1）有两条以上理由支持观点； （2）使用了动词和比喻句。	（1）介绍了《小英雄雨来》这本书； （2）讲述了最喜欢的人物（角色）； （3）列出了对人物的评价； （4）至少有两条理由支持人物评价的观点； （5）使用了常见的连词和成语； （6）有一个概括总结的段落。	至少满足成功标准中的 4 条。	满足成功标准中的 1 ～ 3 条。

如何运用评价标准？"课堂互动中，教师要关注学生知识基础、认知过程、思维方式、态度情感等方面的表现，深入分析这些表现及其影响因素，及时给予有针对性的指导。"[①]教师应从"讲解分析"中解放出来。一是要观察学生参与学习活动的情况，在学习过程中指导学生完成学习任务。二是在交流讨论的学习活动中，要对不同学生的发言及时进行分类；点评时，要能够从不同角度评价学生的观点。"组织学生互相评价时，教师要对同伴评价进行再评价，提出指导意见，引导学生内化评价标准、把握评价尺度，在评价中学会评价。"[②]学生个人视角不同，提供的评价方式也是多样、多元的，教师不能"盲从"学生的评价，也不能"断然否定"学生的评价，应从活动设计目的、学生的成果表现、评价的具体角度等方面进行再次评价。

在具体的情境中，学生知道了做什么、为什么做和怎么做，这也是学习任务群的价值和意义。"怎么做"部分，是学习活动的真正展开，需要教师设计以语文实践为主的任务，突出对学生语言运用能力的培养，最终落实核心素养。

① 中华人民共和国教育部 . 义务教育语文课程标准（2022 年版）[S] . 北京：北京师范大学出版社，2022：48.

② 同① .

整本书阅读的课程理解与教学应用的主体都是教师，教师的设计和实施关系到学生核心素养发展的水平。教师在整本书阅读教学中起着至关重要的作用，学习情境的创设、学习任务的布置、学习活动的设计等，都需要教师统筹规划、精心设计。在学习的过程中，教师需要持续观察，及时调整。在学习评价阶段，教师应在学生根据标准自评、互评的基础上，发挥导向作用，对学生的整个学习过程和结果做出整合评价。整本书阅读要关注学生“整个人”的发展，要突出“整本书”复杂联系的特点，要抓住“这本书”思维和表达的独特之处，把对“整个人”“整本书”的课程理解运用到教学实际中。

第三节　基于课程标准的整本书阅读教学目标设计

整本书阅读教学的目标决定了教学过程，教学目标的设计需要从多个角度进行考量，也需要相应的表达方式来描述。

一、教学目标：整体化的课程理解

（一）核心素养：整本书阅读教学目标的底层逻辑

整本书阅读教学设计，其底层逻辑为通过对学生进行整本书阅读的训练，增强他们应对未来复杂社会的能力。底层逻辑也应当具有显性表现，即一种体系化的、整合性的教学形态。我们要将“2022 年版课标”中与整本书阅读学习任务群有关的内容梳理出来，与此同时，还要将课程目标、课程内容和课程评价进行整合联系。在整本书阅读教学设计时注重学习成果的设计，学习过程成为对学生最后展现出的学习成果的支撑。

核心素养是在复杂情境中解决问题的关键能力表现。因此在教学目标的设计上也要注重从表现入手。举例而言，语文教科书中就有这样的设计：运动会上，某位同学参加了 200 米跑，忽然摔倒导致脚踝扭伤了，要学生来思考作为同学该如何通过语言来安慰他。有的学生可能会选择不太起作用甚至起反作用的说法，比如“哎呀，你不要这样了，你看看就这么点小伤，你还哭起鼻子来了”。如果学生选择站在摔倒同学的立场上，再来选择恰当的语言表达自己的想法，就能很好地解决问题，比如“你现在是不是很疼啊？我能为你做什么呀”“你看看你为班级做出了这么大的贡献，同学们都感谢你的付出”。通过语言对这一问题的解决，表现了语文学科对学生核心素养的培养作用。

（二）素养表现：整本书阅读教学目标的实践指向

在课程标准的语境中，教学目标指对学生发展所应达到的程度的描述。课程本身就是一个系列化、阶段性的综合的存在。与时间或体量相比，课程目标则有着十分重要的意义。不妨将语文课程看作铁轨，它们标定了语文教学的方向。在其之上，整本书就像火车，是承载着师生共同达到课程标准规定之处的媒介，是学生获取在课程标准中写明的相关能力的材料。教师就像是列车司机，要研究如何让列车动起来。学生扮演的是什么角色？传统意义上的学生更像旅客，坐上教师辛辛苦苦开动的列车，看看窗外的风景，看看车内的人群，到一处处景点“打卡”。而在课程标准的要求之下，学生更应该是学徒，他要向教师学习的是如何开动列车，如何在未来驾驶这辆列车驶向更遥远之处。因此，正如轨道、列车、司机以及学徒之间的协作保证了一趟旅程的展开，课程的前瞻性、书本的有效性、教师技术的高低以及学生参与的程度在课程系统中同样也缺一不可。而在这个课程、教材、教师和学生的体系中，尤其要关注学生在读完这本书之后所应当达到的能力水平。

要设计素养表现型的目标。素养表现型的目标可以从两个角度进行设计。首先是从核心素养的整体出发，类比“冰山”的结构，来分析不同素养之间的层次关系。在四个维度中，语言运用应位于“水面”之上。学生读完整本书之后，其能力应当通过语言来表现。而“水面”之下的部分，则应当包括文化自信、思维能力、审美创造等方面。其次，既然将语言视为素养“冰山”中“浮出水面”的部分，又要进行素养表现型的目标设计，具体讨论这作为表现的语言运用的水平。

（三）学习任务：整本书阅读教学目标的实现场域

要达到特定的教学目标，就需要通过特定的内容来实现。应当在教学材料与教学内容之间做出区分：在整本书阅读教学中，学生要阅读的图书是教学的材料，教学的内容则是以动态的活动处理静态的材料。学生参与到教学内容的动态活动中，形成自身的能力。教学内容的动静态结合是时代的要求，要在语文实践活动中引导学生进行整本书阅读。在进行教学内容选择时，教师通常会列出一系列书目，而这些书目只是教学材料。以课程标准里的书目为例，不论是儿歌集、童话集，还是革命传统文化集，都要用语文实践活动的方式来处理这些材料。

实用性阅读与交流学习任务群："本学习任务群旨在引导学生在语文实践活动中，通过倾听、阅读、观察、获取、整合有价值的信息，根据具体交际情境和交流对象，清楚得体表达，有效传递信息，满足家庭生活、学校生活、社会生活交流沟通需要。"①系列学习任务就可以为加工教学材料提供指导。"倾听"，就是吸收别人的观点。"阅读"则强调对某本书做深入的理解。"观察"包含两重意义：一是对实物对象的观察，比如，学生在读了《昆虫记》之后去观察别的昆虫；二是对作者行为的观察，作者的行为是通过他的书和文字来表现的。"获取"，就是学生从书中得到知识，对知识进行的整合运用。

文学阅读与创意表达任务群："通过整体感知、联想想象，感受文学语言和形象的独特魅力，获得个性化的审美体验；了解文学作品的基本特点，欣赏和评价语言文字作品，提高审美品位；观察、感受自然与社会，表达自己独特的体验与思考，尝试创作文学作品。"②"整体感知"是第一个任务，要求学生对书中的细节、人物和情节的关系做出整体性的把握。"整体"是一个关键性要求，这意味着学生对书本诸要素的感知不能是孤立的、单向度

---

① 中华人民共和国教育部．义务教育语文课程标准（2022 年版）[S]．北京：北京师范大学出版社，2022：23.

② 同①：26.

的。第二个任务是“联想想象”，联想是由此及彼的过程，比如由一朵云想到一匹马。而想象则是从某种情绪或思维出发，想出一种不存在的或没有发生过的事物。学生在阅读时，从书中的人物想到自己是一种联想，而通过别人的文字在头脑中构造一个并非真正存在的世界，就是一种想象的思维活动。接下来的“感受、获得、了解、欣赏、评价、观察、表达、创作”这一系列的任务，就是学生自己阅读，自己理解，并走向与他人的交流或自己的创作表达。

思辨性阅读与表达任务群关注的不是对某一文类的阅读，而是一种包含了比较、推断、质疑、讨论这些动作在内的阅读过程。对整本书阅读任务群来说，选择图书、制订计划、综合运用方法并进行交流探讨这几个学习任务涉及细化课程内容与课程标准的问题。这些问题包括对于不同年级不同学力的学生来说，应如何选择适当的书籍，如何制订合适的计划，以及应使其在阅读之后达到怎样的水平等。

跨学科学习任务群中包含了阅读的学习任务，符合跨学科学习的实际情况。之所以将跨学科学习和整本书阅读都归于拓展型学习任务群，是因为二者都具有很高的综合性，都需要通过阅读来进行一些梳理、探究和交流。

与阅读相关的学习任务群普遍存在这样的特点。首先，与阅读有关的任务群往往也与整本书有关。其次，与阅读相关的任务群都与交流或表达相关，这一点体现了强调读与写相结合的趋势。通过读与写相结合，学生将更好地理解作者，表达自己，并提升思考判断、谋篇布局、遣词造句的能力。最后，与阅读相关的任务群都注重以学生把握学科的基本思想和思维方法来提高应对未来的生活能力。

（四）学业质量：整本书阅读教学目标的表达方式

“2022 年版课标”对学业质量的表述如下：学业质量是学生在完成课程阶段性学习后的学业成就表现，反映核心素养要求。学业质量是完成课程之后的一个结果，体现的是解决问题的能力。在课程方案里是正确的价值观、关键能力和必备品格这几个方面的综合。“综合”二字十分关键，读书不能只倾向于价值观的培养，不能只注重技能的训练，也不能只注重必备品格的养成，而是这三者的融合。这关系到学生将来成为怎样的人，以怎样的方式去做事。这又与国家倡导的“有理想，有本领，有担当”的育人要求不谋而合。这正需要通过整本书阅读教学培养和塑造人才。

学业质量标准是以核心素养为主要维度的，是以文化自信、语言运用、思维能力、审美创造为主要维度，然后结合教学内容，对学生语文学业成就的具体表现整体刻画。学业质量不同于分类考试或分门别类的基础信息检测。之所以强调整体刻画，是因为核心素养规定的更多是学生学业成就所必需涉及的维度，而不是在这些维度中需要达到的程度。也就是说，学生在这些维度有一些具体的表现即可，而不是非要使这些表现达到特定的水平。

除核心素养以外，学业质量标准还包括情境、实践活动等。情境包括日常生活、文学体验情境和跨学科学习情境。跨学科的学习使学生的思维更加系统，联系性更强，这也体现了现代社会发展的必然要求。语文实践活动则涵盖了识字与写字、阅读与鉴赏、梳理与探究、表达与交流四种。对整本书阅读而言，阅读与鉴赏、梳理与探究、表达与交流则具有相对更加重要的意义，是主要设计的语文实践活动。识字与写字则会被放到相对附属的地位。学业质量是学业成就的“关键表现”，这意味着我们应更加关注学生表现中相对主流的那一部分，而非面面俱到。

二、目标表述：整合性的教学应用

从课程实施的角度而言，抱有一种整合性、框架化的理解十分必要。课程的各个要素都在其实际的运作过程中有机地联系在一起。其中，课程目标指导着课程内容的选择，内容的选择又影响着课程的实施，实施则决定了学生取得怎样的发展，在对学生的发展做出评价之后，就又回到了课程目标这一开端。可以说，在课程的诸要素之间，有机的结合与动态的逻辑使其构成一个封闭的圆环。

（一）表述教学目标的程度

整本书阅读教学要有目标上的规定，这一规定明确要达到的程度和标准。可以参考体育运动来说明这一点：跑步、跳高是运动形式，必须有明确的评价指标才能确定是否达标，比如，跑步的时间标准，跳高的高度标准等。而对于比体育运动更加综合的整本书阅读教学来说，其学习目标包含了一系列基本动作与程度指标。

对于整本书阅读教学设计来说，目标的意义何在？正如宇航员在模拟仓里的反复训练是为了使其适应未来在太空中的生活一样，整本书阅读教学的目标，也是为了通过思维和实践的训练，让学生应对未来的生活。整本书阅读就像一个模拟舱，要有明确的训练科目和必须达成的训练目标。因此在设计整本书阅读教学时，首先要考虑课程目标。

学生阅读非常愿意凭自己的兴趣、爱好、优势，但是，教师应该通过对学生未来所面对的生活进行整体预估，带有预见性地设计一个需要学生集体达到的标准。尽管这个标准很难体现学生在天赋和个性上的差异，但仍是确定目标的第一依据。第二依据是学生角色。学生日后可能成为不同的社会角色，不仅需要在自己的工作学习中运用阅读能力，也需要将阅读能力传授给他人，因此在学生成长过程中接受系统化的阅读训练就十分必要。学习目标的问题还牵涉学习情境的创设，要根据学习目标来设定学习情境，从而决定学生以什么样的角色进入到阅读的训练系统之中。

（二）表述教学目标的难度

对教学目标进行设计时，首先要看有什么样的目标可以选择。以《夏洛的网》为例[①]，来讨论如何以 SOLO（Structure of the Observed Learning Outcome 的缩写，意为可观察的学习结果的结构）分类法为基础设计教学目标。（见下页表）

---

① 特蕾西·K. 希尔 . 设计与运用表现性任务——促进学生学习与评估［M］. 杜丹丹，杭秀，译 . 福州：福建教育出版社，2019：75–76.

《夏洛的网》教学目标设计

SOLO 层次	单结构：一种观点	多结构：多种观点，事实和观点之间没有联系	理解关系：事实和观点之间有联系	扩展抽象：归纳学习并应用于不同的情境
学生友好型学习意图："我们正在学习……"	复述来自不同文化的故事并能够概述其中心思想和支持中心思想的细节。			
SOLO 动词	确定	列出	解释	评估
成功标准："当能够……时，就成功了"	确定故事的中心思想	列出故事中支持中心思想的相关细节	解释相关细节是如何传达中心思想的	评估哪一个相关细节在传达故事中心思想中最为重要
		按顺序列出故事中的事件	比较相关细节和无关细节	
学习情境："学生将通过……参与学习"	学生将在"读书俱乐部"开展《夏洛的网》学习活动，这个读书俱乐部将对其讨论提供指导问题。			

如表所示，目标为"复述来自不同文化的故事并能够概述其中心思想和支持中心思想的细节"。这个目标可以细分为三个部分，即复述不同文化的故事、概述中心思想以及概述支撑中心思想的细节。当这些学习目标在不同的 SOLO 层次中得到落实时，首先可以被总结为确定、列出、解释、评估这几个动词。其中，确定和列出都是在信息提取的层面，解释落在整合的层面，评估则是对整个过程是否达标的一个检验。更具体地说，"确定"关注的是故事的中心思想，就《夏洛的网》这本书而言，就是它到底在讲什么，学生应从友情、奉献、关系这些可能的主题中，为它确定一个中心。"列出"，也就是列出支持这个中心思想的细节。比如，学生若认为友情是这个故事的中心，那么就要列出一系列细节来说明小猪威尔伯和夏洛之间确实存在友情。在"列出"时学生还应注意要按照故事发展的顺序列出细节。"解释"则是要求学生说出细节与这个中心之间的关系，即为什么这个细节能够

说明友情，这个过程涉及对相关细节的比较与权衡，学生应当去思考哪些细节是能说明中心的，哪些细节是不能说明中心而只是为增强故事的形象性才添加的。“评估”则是指学生应当评估这些与中心有关的细节中，哪一个最为典型，最为重要，最能说明友情。在《夏洛的网》中，夏洛给小猪威尔伯织网时织上字，通过这个细节能看出夏洛要救它的好朋友威尔伯。

基于 SOLO 分类法设计出的教学目标是一系列由动词概括的过程，过程之间有从低到高，由整体向细节再到整体的逻辑关系。这实际上也符合 SOLO 分类中从前结构、单点结构、多点结构到迁移结构的特征。此外，从最后的“读书俱乐部”这个学习情境中，我们可以清楚地看到学习目标和情境之间的关系——学生找中心思想和相关细节是为了在读书俱乐部交流时更清楚地表达观点。

通过对以 SOLO 分类法为基础来设计的教学目标进行研讨，我们可以反思目标设计。在过去缺少核心素养指导的情况下，目标设计往往以识字、写字或者阅读人物形象为主，表达上则常常是续编故事或者讲自己体会到的乐趣。不难发现，这些教学目标不是过细（比如要认多少字，写多少字，并且往往要具体到某一个字），就是过粗（比如要谈自己体会到的乐趣，却没有说明如何体会，体会什么乐趣，只是一些模糊的表述）。在核心素养的指导下，我们可以从文化自信、语言运用、思维能力和审美创造四个维度考量教学目标。与此同时，教学目标的设计中也出现了新的挑战——核心素养的四个维度构成了一个有机的整体，要从整体中分化出具体的目标，再对这些目标进行设计，确实是一个挑战。

设计教学目标时，要注意学生通过语言使用进行的表现，是否体现了核心素养的要求。比如，就上段中举的例子而言，在语言运用之外，学生在进行活动时采用的“换位思考”还体现了思维能力这一层次。而《三国演义》中诸葛亮舌战群儒一段，也是以语言为媒介的思维能力的典型表现。诸葛亮分别站在孙权的角度、群儒的角度来论述自己主战不主降的观点，从而使局面稳定下来。这里的战斗并非兵戈相交，而是语言的交锋，思维的碰撞。因此虽作者以战赞之，但实则化干戈为玉帛之举——这正是语文能力的体现。

以素养目标为基础的整本书阅读教学目标设计，可以从这些语言运用的实例中吸收营养，使设计成为学生语文关键能力的表现。在未来，孩子将面对复杂的人际关系、社会局势乃至国际关系，如何在其中以语言的方式灵活有效地解决问题，正是他们所必需的素养。

（三）学习成果：表述整本书阅读教学目标的尺度

除了把握好学习目标的设定之外，还要考虑适当的评估指标。以评估指标为参考，可以对教学目标的达成与否做出测定。在整本书阅读教学设计中，之所以首先关注学习成果，是因为学习成果是可以检测的。因此，要对整本书阅读教学的理解达到策略性的高度，就要从正确的角度、以恰当的方式来认识学习成果。学习不能无果而终，尤其是在做整本书阅读教学设计时，更不能只关注书中的内容，而忽略了学生阅读后的成果。

与人们通常将学习成果看作一个静态的结果不同，教学设计更应当把握住学习成果的动态性——指人们通过学习所获得的可以实现各种行为的能力。显然，学生能力具有动态属性，虽然它要通过相对静态的阅读报告或具体的作品来呈现。可以看出，在进行整本书阅读教学设计时，教师要设计的学习成果分为内外两个方面：内是学生的能力，外则是作品对这种能力的表现。

对于素养表现型的教学设计来说，学生在特定情境中解决问题，并在此过程中产出学习成果。这一成果尤为重要，因为只有通过它，我们才能对学生的学习进行评价。因此，课程设计应当更加关注表现性评价。具体而言，表现性评价关注学生解决某个新问题的过程和方法，或者是学生创造新事物的过程和成果，并从中识别学生复杂能力的发展状况。在做整本书阅读教学设计的时候，我们要让学生去解决一些新问题，创造一些新东西。比如，学生读完一本书，有了一些想法，但这个想法仍然存在于他的大脑之中，让学生将思考落实于纸面，这就是一种“创造”。再如，学生读完《昆虫记》之后，写一份关于昆虫的研究报告，这也是一种“创造”。研究报告能够表现学生运用语言解决问题的能力。研究报告中包括观察对象、个人的观点以及经验，蕴涵了学生从知道到理解，再到做到的整个过程，体现了学生的能力提升。所谓表现性评价，强调不能只让学生停留在“知道”的层面，而要让学生表现出他的能力，即他能“做到”什么。正是学生的“做到”，体现了整本书阅读教学底层逻辑的实现。由此，达到了课程目标和学习成果的统一，学生“做到”的表现越明显，就证明教学设计越有力，能推动学生的整体发展。

整本书阅读教学目标的设计强调以终为始，具体来说，就是要将希望学生在教学之后达到的标准作为目标。同时，要设计表现型的目标，还要关注目标的表达策略，目标的设计者要清楚地说明在目标的规定中，主体是谁，要做的动作是什么，最终要达到的程度是怎样的。除此之外，还要对目标中的这几个要素提供一个可操作可检测的标准。

第四节　整本书阅读教学的重难点突破策略

“2022年版课标”中整本书阅读作为一个独立的学习任务群出现，因此在教学实践中，我们需要对整本书阅读学习任务群、整本书阅读做出区分，这样才能更好地实现整本书的课程价值。整本书是学习材料，不是直接可以使用的教学内容。整本书阅读学习任务群是语文课程的组织与呈现方式之一，是以系列的有内在逻辑关联的语文实践活动来处理一本书的内容，以实现语文课程的目标。

拿起一本、两本甚至十本很厚的书，重要的不是怎么读完这些书，而是在于学生读完书以后，要发展什么样的能力，怎么发展这些能力。整本书能够提供复杂的学习情境，能够让学生在复杂的情境中学习解决问题，提升自己的核心素养。因为整合程度高，整本书阅读学习任务群属于“拓展型”学习任务群。如何从单篇教学走向整本书阅读教学，教师需要了解整本书阅读教学的策略。

以《昆虫记》为例来说明怎样进行整本书阅读教学。

一、整本书选择策略

整本书的复杂性与丰富性也是教学时的难点。如何选择整本书进行教学呢？我们需要从以下几个方面综合考虑。

（一）图书的整合程度

在这个快速发展的时代，读书的时间和效率还是普遍受到关注的。要做到读一本胜过读很多本，就需要选择整合程度高的图书。整合程度高，就是说这本书的内容和语言能提供多方面的“营养”。

比如，《昆虫记》这本书写出了“《昆虫记》境界”和“法布尔理想”，把“做事”与“做人”高度结合。学生阅读这本书，除了了解了各种昆虫，还可以感受做事要像法布尔那样做出境界，做人要像法布尔那样追求理想。从这本书中，学生还可以学习如何观察和思考，如何记录和表达。

“《昆虫记》又不同于一般科学小品或百科全书，它同时还散发着浓郁的文学气息。”这本书的内容和表达方式不同于其他科普书籍，因为作者用文学的笔触表现科学的事实，让科学不再冰冷，而是能深入人心，所以特别适合学生阅读。《昆虫记》被称为“昆虫史诗”，是从人类的视角看待昆虫，为昆虫写史，体现了万物平等的哲学观，与中国万物有灵的思想相呼应。

阅读这本书，学生能够从科学、文学、哲学等不同的方面受益，这样的书就是整合程度高的书。读一本《昆虫记》胜过读十本其他的书。

（二）版本的适合程度

在这本书里，法布尔有“哲学家一般的思，美术家一般的看，文学家一般的感受与抒写”。作者的情感非常细腻，并且写出来的文字很精致，不是像百科全书那样科普式的罗列，而是一种文学性的表达。有人说《昆虫记》融合了科学与文学，既有理性又有感性。记录的是真实可靠的，又是详细深刻的，并且文笔还特别受欢迎。很多名家都对《昆虫记》有评价，比如，雨果就说它是“昆虫的史诗”。

对小学生来说，读到这些评论的时候，应该如何去取舍呢？学生之前认为《昆虫记》就是一本写昆虫的书，就是普及科学知识的，但是当看到这么多名家的评论之后，忽然又觉得这本书变得太丰富了，没有办法做取舍，所以就有了教学目标当中重难点的选择。对于整本书阅读教学而言，首先就是选择合适的图书，所以看到《昆虫记》这本书之后，我们要做的第一件事情就是选择版本。要根据阅读的目的，选择合适的图书，是选实卷本的还是选单行本，是选全本还是节选本——全本就是完全忠实于原著，节选本就是把原著当中满足中国孩子阅读兴趣的内容选出来。

《昆虫记》共有 10 卷，国内翻译版本很多。具体选哪种版本，需要老师根据本班学生的实际情况来定。小学低年级可以选美绘本的 10 卷本的分册进行阅读，书中插图较大，文字较少，图文对照可以帮助学生进行阅读；小学中高年级可以选插图本的上下分册进行阅读，书中文字是原著内容的节选，又适度地配有插图，节选的文字是直接描写昆虫的，学生阅读比较聚焦，插图也能帮助理解。初中和高中的学生可以阅读全译本，它忠实于原著，学生可以从多个角度进行阅读，对《昆虫记》这本书有全面的了解，能更深入地理解书中内容。

即使如此，也要关注出版社。因为《昆虫记》是公版的书，又是名著，很多出版社都会出版，这就造成书的质量良莠不齐，也会存在“错漏”的情况。所以，教师也要积累“版本学”的经验，要自己多读，多用，这样才能从整体上把握图书的质量。学生的时间毕竟有限，在有限的时间里阅读优质的书籍，才会让学生受益。

（三）与教科书的对应

图书的选择一定要和教科书的单元对应。一是可以让学生运用经验，二是能让教师找到方向，三是能够让学生集中练习某项本领。

教科书的单元应该成为阅读整本书的起点。比如，《昆虫记》这本书的阅读，可以与五年级上册第五单元（习作单元）对应。这个单元有《太阳》《松鼠》两篇课文，有《鲸》《风向袋的制作》两篇习作例文，作文是“介绍一种事物”。学生不仅要知道说明的方法，还要能用说明方法把某一种事物介绍清楚。学生阅读了以上说明性的课文，再来读《昆虫记》，便能将这个单元的知识和学习方法与阅读的书籍对应起来，便不会感觉到突兀，能够自然进行链接。《昆虫记》介绍昆虫，和《太阳》《松鼠》《鲸》还不太一样。

学会如何去介绍就是定位，让学生来介绍《昆虫记》这本书或者其中一种昆虫。

整本书的内容过于丰富，往往让老师无从下手，教着教着就会失去方向，会越教越多，而最后会因为课时不够而草草收场，教学设计时的踌躇满志往往会变成结束时的垂头丧气。因为要教的内容过多，造成师生的学业负担和精神负担，有些得不偿失。所以，教师就需要用教科书中单元的核心目标来限定整本书要教什么。比如，五年级上册五单元的语文要素是：阅读简单的说明性文章，了解基本的说明方法；搜集资料，用恰当的说明方法，把某一种事物介绍清楚。《昆虫记》的教学就把重点放在“向这本书学习如何介绍昆虫”，丰富“介绍一种事物”的材料和方法上。教师在教、学生在学的时候都以此为方向，就不会迷失在文字的丛林里。

如果说课本是“模拟仓”的话，那整本书就是“实战场”，整本书内容的复杂性和整合度提供了很好的练习机会，学生的思维能力和表达能力都能以整本书进行训练。如《昆虫记》介绍了大量的昆虫，学生如何通过介绍了解这些昆虫？如何通过作者的文字学习介绍一种昆虫？昆虫类型多，介绍方式多，总有一个能够让学生受益，也总有一个能让学生得到训练。

二、整本书的教学价值分析

（一）整本书阅读是为了人的发展

到底要成为什么样的人？这个问题放在小学生面前的时候，就会很复杂。到底应该以什么为重点？以《昆虫记》为例来做分析，法布尔被称作“昆虫界的荷马”。荷马写了《荷马史诗》，他通过史诗描写了人类的一些发展。法布尔是“昆虫界的荷马”，他写的是各种各样昆虫的发展，实际上就是给昆虫做了这样的历史梳理，大家就明白这本书肯定非常厚重。《昆虫记》一共是 10 卷，其中包含了非常丰富的内容，比如昆虫的外部形态、生活习性。这本书还有一个非常重要的特点，就是通俗易懂、生动有趣，这样才让它有了广泛的传播基础，所以不知道《昆虫记》的人应该是非常少的。

整本书阅读教学的重点和难点就是教学价值的确定。大家都知道书的数量和形式是非常丰富的，以《昆虫记》为载体来举个例子。《昆虫记》有非常丰富的内容，除了普及科学类的知识，还有文学知识，还包括作者法布尔这个人的一生的发展经历。到底应该怎么来读《昆虫记》？就像书中译者所说的两句话，首先是说法布尔把事做出了境界，做到了《昆虫记》的境界；其次是说法布尔把人也做出了一种境界，叫法布尔理想。人生无非就是通过做事来做人，通过做人来看他怎么做事，这是综合的系统。所以，通过阅读《昆虫记》，学生首先关注的是要写什么样的文章，或者写什么样的书，怎么样来写文章，怎么样来写书；其次要关注的就是这一辈子要成为什么样的人。

（二）为了发展而制订读书计划

明确阅读目的。阅读是为了提高做事的能力，因此要提高学生观察、记录、表达的能力。《昆虫记》这本书里面的这几个方面的整合度越高，说明这本书的价值就越高。如何选择一本书？首先要对着教科书的单元去进行合理化的选择，要让这本书实现和教科书链接起来的功能。学生读了那么多课文，有了一些阅读的经验，再读同类型的书，就不会浪费自己的经验，就像有更大的练习场。就像学游泳，先是在非常小的池子里，慢慢地到一般大的池子里，再到更大的这个池子里面，那训练的能力是会越来越高的，整本书阅读教学实际上是锻炼学生做事的能力。

把握阅读节奏。这个策略不只是阅读策略，还应该指的是读书需要有结构、有节奏地进行阅读。就像前面说小学、初中、高中都需要有阅读与鉴赏、梳理与探究、表达与交流等环节，这就是阅读的结构。节奏就是不要太快，也不要太慢，按照一定的时间节点进行阅读，根据读书的速度来制订合理的阅读计划。

三、整本书阅读教学设计策略

确定了图书是教学的开始，但图书只是学习的材料，如何分析和处理材料是教学设计的重点。整本书阅读教学设计需要从目标、内容、结构三个方面来考虑。

（一）教学目标确定

教学目标是教学后学生应该达到的程度，是能从“学习成果”中观察到的“关键能力”，也就是说，教学目标是学生的能力层级。理想的教学设计能够带领学生从浅层学习走向深层学习和迁移学习，让学生把学到的东西变成自己的本领。

教学目标的选择有多个依据，如课程标准中的学段目标、学习任务群目标、学业质量。以这些为基本依据，根据“KUD”（Know、Understand、Do的缩写，即知道、理解和做到）的理念，实现教学“核心目标”与“评估标准”的层级对应。

《昆虫记》这本书放在五年级上册第五单元，核心目标确定为以介绍的方式表现观察的过程和结果。过程成果为学生个人写的《昆虫记》中的一篇，全班形成的《昆虫记》；最终成果是每个学生完成《昆虫记》研究报告，报告中包含如何认识《昆虫记》、如何阅读《昆虫记》、如何写《昆虫记》三部分内容，学生根据学习过程中的经验，进行总结和提炼。

目标和成果设计完成后，还需要建立评估标准，这个标准可以随着学习进程不断地完善，让学生参与到评估标准的制定之中。学生会熟悉标准，按照标准做事。《昆虫记》的评估标准从“阅读与鉴赏”“梳理与探究”“表达与交流”三个维度进行设计，结合“知道”“理解”“做到”的学习层级，进行具体描述。

（二）教学内容取舍

适当的教学内容是进行教学的主体部分。根据教学目标，确定选取整本书中的哪些内容进行教学，以什么样的学习活动处理这些内容。

从静态的材料变为动态的活动是教学内容取舍的关键。虽然和书中内容紧密关联，但是，教学内容实际是以学习活动来处理书中的材料。材料要精选，活动要精当，二者相得益彰，才是最好的选择。

如，《昆虫记》在“介绍一种事物”的内容范畴，主要看法布尔是如何介绍昆虫的。所选取的内容，从不同的章节来梳理。如，昆虫的外形、生活习性，用了什么样的结构，用了什么样的语言形式，在进行教学研究和讨论的时候，重点以章节中的这些内容为主。

（三）教学结构安排

整本书需要有结构的教学，这样才能基本保证学生不迷失在书的内容之中，还能够清楚地记得探索整本书内容的路径。探索书中奥秘的经验，也可以运用在其他书的阅读中。

传统的“讲读式”的教学方式，是整本书阅读教学的基础，但是，也因为多出自教师个人对书本的解读，对学生而言有难度。教学需要从教师完成教学任务向学生完成学习任务转变。

阅读与鉴赏、梳理与探究、表达与交流是语文课程标准中确定的三种类型的语文实践活动形式，以此推动整本书阅读教学，结构清晰，层次分明，并且可以循环使用，有利于学生积累阅读经验，提升阅读能力。

四、整本书阅读教学实施策略

整本书阅读教学是把设计蓝图变为教学现实，需要从学习情境、学习任务、学习活动和学习成果四个角度进行综合推进。学习情境，是让学生明确以什么样的角色身份完成学习任务；学习任务，是学生有目的的学习活动；学习活动，是完成学习任务的过程；学习成果是完成学习任务的结果。完成学习任务的过程是教学实施的重点。

《昆虫记》的学习任务是要求学生去做研究报告，让学生用《昆虫记》

的研究报告来介绍《昆虫记》这本书，也就是说，学生需要把《昆虫记》里面的很多内容进行筛选、提取、整合和表现，这样才能让自己达到一定的阅读高度。

教师可以给学生设计研究成果的表现形式。从素养表现上来看，就有阅读与鉴赏、梳理与探究、表达与交流三方面，再结合评估标准的三个层次——知道、理解和做到来看。比如说，从阅读与鉴赏的角度，学生能了解《昆虫记》中介绍的昆虫，能结合具体语句体会昆虫不同的特点，会结合具体语句介绍《昆虫记》的特点。从梳理与探究的角度来看，学生要了解记录昆虫的多种类型，能理解法布尔采取不同方式记录昆虫的优势，能根据框架介绍自己研究《昆虫记》的发现。教师可以恰当地提供一些教学支架，比如帮助学生列框架，让他来填写。到表达与交流的时候，学生首先看到很多《昆虫记》都是图文结合的，就知道图文结合对于表达的作用；其次就是能理解自己应该以不同的方式来介绍昆虫，不能再用单一的方式介绍不同的昆虫，因为它们的特点也不一样；最后学生可以做到整合多种方式来介绍一种昆虫。这个过程中的目标和任务是非常明晰的，这样进行整本书阅读教学的时候，才不会节外生枝，因为教师让学生做很多看似无关的工作，最终都是为了集中地向着目标前进。

课型是课的功能类型，就是这个课能起什么作用，做整本书阅读教学的时候也需要分课型来进行。整本书阅读教学的目的是培养学生的阅读素养以及解决问题的能力，根据学生阅读的实际情况，可以分阅读与鉴赏、梳理与探究、表达与交流三个板块进行课程教学。

（一）阅读与鉴赏

阅读与鉴赏是完成《昆虫记》研究报告的第一步，首先要让学生明白这本书好在哪里。在上阅读与鉴赏课的时候，教师就要让学生阅读、理解、鉴别这是什么类型的文本，还要欣赏这个文本好在哪里。不管是哪本书，都可以从这个角度切入教学。比如，阅读《昆虫记》，里面写了哪些昆虫，这些昆虫有什么样的特性，这些都是学生可以读到的。其次要让学生明白要欣赏什么。欣赏世界之美、昆虫之妙，以及整个大千世界的构成，这些都是非常奇妙的欣赏体验。但是欣赏要从阅读的角度来看，先应该欣赏的就是这些写昆虫的部分，分析其中是按什么结构来写的，再就是用了什么样的词句来写，具体写得好的地方好在哪儿，精准的地方精准在哪儿，文本为什么会让读者充满想象力。这些都是第一种课型阅读与鉴赏要做的，要让学生沉浸在书中，然后去欣赏作者写的内容以及语句表达上的特色。

阅读与鉴赏主要解决整本书“写了什么”和“为什么写”这两个问题，理解书的主要内容和作者的写作意图。

阅读理解是基本的学习活动，从整本书中能读出什么，是阅读的基础。比如，《昆虫记》，写了什么昆虫？昆虫是什么样的？昆虫有哪些特性？作者法布尔如何对待昆虫？

能从书中欣赏什么是阅读的第二步。比如，《昆虫记》按照什么结构写的？作者用哪些词句来写的？这样的写法好在哪里？这些需要学生不断地思考，从书中圈画相关内容，交流讨论，在全班分享。

（二）梳理与探究

梳理与探究是完成《昆虫记》研究报告的第二步，要让学生找到写作的规律和特点。梳理与探究实际上是针对学生的思维开展的更进一步的设计，这时候就可以做一些对比。比如说，法布尔写狼蛛和圆网蛛，可以从科学视角和文学视角这两个角度来进行对比分析。从科学视角来看，它们都有外部特征、生活习性；从文学视角来看，它们展现了什么样的文章结构和语言特色。最终，让学生通过对比来发现法布尔写作的规律，从而内化为自己的写作手法。

梳理与探究主要解决整本书“怎样写的”和“写得怎样”这两个问题，研究作者的写作思路，进行反思和评价。

梳理与探究是重要的思维活动，也是整本书阅读教学的核心，梳理与探究既要强调过程，也要通过结果来验证过程是否有效。教师需要给出具体的结构，让学生进行学习活动。

梳理是信息发现的过程，根据表格把相应的信息放入适当的位置。如，

《昆虫记》中的“狼蛛”和“圆网蛛”内容的梳理与探究，可以从“科学”和“文学”两个角度，进行“外部特征”“生活习性”“文章结构”“文章语言”的梳理。

梳理好内容后进行对比分析，让学生发现规律，并把自己发现的规律写下来，全班进行交流。

（三）表达与交流

表达与交流就是让学生介绍一种昆虫，然后全班共同形成一本《昆虫记》。学生首先就身边比较熟悉的或者不熟悉的昆虫进行介绍，写出昆虫的研究报告后，与同学之间相互比较，总结写作的经验，明确自己的写作中还有哪些地方需要弥补和提升，最终班级共同完成《昆虫记》的研究报告。

表达与交流主要解决学生“写什么”和“怎样写”的问题，把所学进行转化。

整本书阅读教学中的讨论分享算不算表达与交流？这要看是否有结构，有要求。如果是随机的学生发言，那就不能算真正的表达与交流。整本书阅读教学是否需要严格意义上的表达与交流？我相信很多老师都会对此产生疑问。“读写联动”是整本书阅读教学的基础，学生如果不去表达与交流，就很难真正体会作者写作的用心。

阅读与鉴赏、梳理与探究、表达与交流这三种课型有不同的侧重点。比如，阅读与鉴赏，学生就要关注书中写了什么；梳理与探究就是引导学生去探究为什么这样写，关注作者是怎样写的，写得怎么样，能不能做评价等；表达与交流就是让学生思考如果换成我，我会写什么、怎么写，这就是系统化的教学设计。只有做好系统化、有条理的整本书阅读教学设计，才能够有条不紊地推进整本书阅读教学，最终达到促进学生发展的目的。

总之，整本书的阅读不同于日常一本书的阅读，是融合阅读理论、课程理念和教学实践的系统工程。整本书阅读教学，需要教师进行选择判断和设计实施，也需要不断探索，积累经验，才有可能形成适合学生核心素养发展的教学设计和实施策略。

第五节　整本书阅读教学的过程设计

在“2022 年版课标”的指导下，要富有成效地完成整本书阅读教学课程化这一教学任务，教学主体在强化课程思维、培养课程意识之余，更需要对整本书阅读课程设计的策略做出总结。以五年级下册第七单元整本书阅读教学为例，来进一步说明课程化的整本书阅读教学该如何进行。

一、整本书选择——以教科书单元的核心目标为导向

选择图书的第一步是给图书进行定位，把整本书放置于具体的教学系统中，以一个确定的位置来发挥其具体的功能。同样一本书在不同的语境中会有不同的功能，获取不同的意义。比如，一枚一元硬币，除了其作为货币的功能之外，它还有一定的厚度，可以作为测量工具来使用，它也能够有诸如垫桌脚之类的更为实在的用途。同样，在整本书阅读教学中，教师也必须给作为阅读材料的文本一个定位。由于一本书的内容往往较为丰富，因此在定位这本书的时候，往往可以从多个角度来进行。

（一）选择与教科书对应的书

在对应的时候，也可以有几个不同的角度。第一种是以主题来与教科书对应。比如，教科书单元写自然景物的，整本书阅读也找一本写自然景物的书。教科书单元是表达情感的，整本书阅读也找一本写情感的书。这是一种单向度的对应，只对应了教科书单元的人文主题，而忽略了其在语文训练要

素方面的目标。第二种对应是更加体系化的对应。比如，将一本书定位于五年级下册第七单元的课文中。这个单元是写景的文章，有《威尼斯的小艇》《牧场之国》《金字塔》。从形式上来说，课文有两种呈现形式：一种是描述性的连续文本，一种则是说明性的非连续文本。编者在这个单元中确定了语文要素——用动态描写和静态描写的方法来介绍一处世界遗产。这就是所说的核心目标，选择的整本书应当与这个核心目标对应，并为之服务。

（二）选同类型的多本书

在本单元整体教学中，选择了三本书，《人一生要去的 100 个地方 · 中国篇》《孩子不可不知的世界遗产 · 中国篇》《世界遗产 · 中国篇》。选择了三本书，是一主两副的结构：一主就是《人一生要去的 100 个地方 · 中国篇》，这本书为学生在习作中写世界遗产提供知识支撑和能力训练。《孩子不可不知的世界遗产 · 中国篇》与《世界遗产 · 中国篇》两本“附书”，则以其资料式的内容呈现，来满足核心目标中“查阅资料”的要求——相比于上网去查资料，从书中查阅资料不仅更加可靠，还能锻炼学生在书中查阅、检索资料的能力。由此可见，整本书的选择是由单元的核心目标决定的。本单元的学习目标是“查阅资料，用动态描写和静态描写的方法来介绍一处世界遗产”。在课文的学习中，学生已经探究过介绍一个地方的标准，以及如何达到这一标准。结合课文内容，学生也知道了动态描写和静态描写的形态与特征，以及在描写景物时能起到的作用。从课文的学习走向整本书的阅读，可以让学生在课文的基础上展开更加丰富的学习。

二、学习单的设计——以辅助达成目标为导向

按照核心目标选择恰当的整本书之后，要通过设计有效的学习任务让学生更好地达成学习目标。学生进行了两个阶段的阅读：第一阶段是学生制订阅读计划，自行阅读；第二阶段是上课时进行的讨论分享。第一阶段的学习中，通过设计学习单来确保学生不会进行放任式的阅读，体现课程标准中强

调的“引导学生在语文实践活动中阅读”。学生通过学习单来对整本书进行梳理，这是深层的学习活动。

（一）以梳理为重点

学习单引导学生从三本书中所写的众多世界遗产中选择一处来介绍。故宫、天坛、颐和园或长城，学生在选择之后，查阅资料。教师接下来为学生划分了两个梳理的角度：“特别的样子”和“特别的感受”。“特别的样子”引导学生去寻找三本书中介绍自己所选地方的语句，并按形状、颜色、动态等角度对其进行分类；“特别的感受”引导学生去发现三本书中表达作者感受的句子，并识别感受是通过静态的景物还是动态的景物来实现的。

（二）以表达为出口

学习单的设计指导学生明确查阅资料有一定的结构。学习单的其他内容也与核心目标相关，又与课文内容相联系。为了让学生在阅读、梳理之后有一个表达的出口，设计了“我的创作”栏目。在这个栏目中，学生可以结合书本中的内容，以及亲身观察的经验（尤其考虑到学生在北京生活，有机会亲身接触更多文化遗产）来进行自己的表达。在表达的过程中，学生会对之前细分的样子、颜色、动态、静态有更为综合的运用。我们引导学生进行整本书阅读，不能只让学生梳理书中的内容，还要让学生调动已有经验，进行创作。阅读与交流、阅读与表达、阅读与创意表达，都是结合在一起的。

三、学习任务设计——以语文实践活动为导向

教学要有结构、有节奏地进行。何为结构？其实就是阅读与鉴赏、梳理与探究、表达与交流的语文实践活动的有序安排。（阅读与鉴赏在此不再展开）

（一）梳理与探究

梳理与探究，细分为两个交流，即小组交流和全班交流。在小组交流

中，四人一个小组按确定的标准找出书中最特别的样子和感受。这个标准是以学生前面的学习为基础的，比如，要让文物“活起来”、介绍要详尽而深入等。鼓励学生不断地去丰富自己写的内容，再在小组交流中按照标准进行筛选。相比于小组交流，全班交流更强调整本书阅读中的交流与分享。同时，注意这种交流是根据目标做了设计和学习准备的。在全班交流中，安排两个小组来汇报他们写出的“特别的样子”和“特别的感受”，然后让大家一起来评价是否符合标准。之所以如此设计，是为了让学生把学习成果做一个集中展现，也使其再一次明确对学习成果的评估标准。

（二）表达与交流

表达与交流是这节课主要的语文实践活动，最终的目标指向学生形成介绍一个地方的能力。这里做这样的具体化处理是考虑到学生生活的区位条件。不同地方的学生可以做不同的设计，没有世界遗产的区域可以引导学生对别的地方进行介绍。当然，不考虑学生的区位条件来进行设计也是可行的，这个单元让学生以文字为媒介，通过查阅资料来突破他所在区位的限制。换言之，语文学习不一定非要设身处地地进行，体现出教学设计的底层逻辑即可。将来学生在工作中进行写作时，不可能有时间对所有内容进行亲身实地的调研，反而大都是通过查阅资料来完成文章的写作。

第一步是小组合作，将学习单中“我的创作”这部分进行汇总。汇总的时候，四人按顺序交换阅读。在这个过程中，学生要圈画出自己认为写得最特别的地方。第二步是排列组合，把本组最特别的句子组成一段。比如，四位同学每人找出一句写“特别的样子”的话，然后按颜色、状态等分类联系起来，组成标准的一个段落。之所以强调“标准的一个段落”，也是要体现在介绍一样东西时“详尽而深入”的标准，要对这些句子做条理化的处理，并按一个文段的逻辑结构归置在一起。第三步是全班进行交流，注意引导学生按标准进行表达。

表达与交流的语文实践活动是以学习单为基础的，在此之上没有再增加学生的负担，而是侧重于交流与分享。同时，交流分享也不是平面进行的，而是不断组合，向上提升，形成更复杂更有难度的文段，以使学生的能力有纵深化的提升。每个小组写完之后，两个组在全班分享，其他同学再来评价是否达到标准。这也是本课的最后一步，完善评价标准。所谓完善标准，就是根据整本书阅读与交流的情况对标准进行细化：可以按照表格中划分的角度来确定在这些角度中的介绍应该达到什么样的程度；还可以举例说明，通过课文、书本或学生自己创作中的例子，来具体化这个标准。

整本书阅读学习单

学习提示：

1. 选择一个你想介绍的北京的世界遗产，填写在第一行。

2. 从阅读的《孩子不可不知的世界遗产·中国篇》《世界遗产·中国篇》《人一生要去的100个地方·中国篇》三本书中，分别找出你选择的这个地方的特别的样子和作者特别的感受，按照提示的条目进行填写。

3. 写出你观察和游览这个地方的特别的样子和特别的感受。

地方				
特别的样子				
作品	《孩子不可不知的世界遗产·中国篇》	《世界遗产·中国篇》	《人一生要去的100个地方·中国篇》	我的创作
1. 形状				
2. 颜色				
3. 动态				
4. 其他				
特别的感受				
作品	《孩子不可不知的世界遗产·中国篇》	《世界遗产·中国篇》	《人一生要去的100个地方·中国篇》	我的创作
1. 静态的感受				

续表

2. 动态的感受				
3. 其他感受				

对学习单中的分类和每一类的标准，也有几点需要注意。细而观之，可以发现分类也包含了“特别的样子”和“特别的感受”两个方面。这两类都以“活起来”（这个事物在头脑中生动地出现了吗）和“详尽而深入”（也可以看作“怎样使介绍的事物活起来”）为标准。而引导学生对这两个标准的认识又有两个方面：其一，“做到什么样”，也就是标准的细化；其二，举例说明，也就是让学生将标准具体化地表达出来。虽说是“帮助学生”，但实际上这个标准并非教师施加在学生之上的，而是通过具体的学习（包括对课文的学习，对整本书的学习以及自己的创作）逐步明确的。这对学生来说是较有难度的，教师可以通过打比方、举例子的方法，帮助学生掌握这些标准。

（三）跨学科学习

核心目标中“介绍一个地方”具体化为介绍一处世界遗产。世界遗产的背后有着丰富的文化、历史与思维内容，因此要将其介绍清楚，单一的语文学科视角一定是不够的。那么，面对这样复杂深厚的介绍对象以及多学科重叠的教学，教师应当如何设计？

从情境任务的创设出发。情境任务是与课程目标以及课程标准相对应的。通过情境为学生提供了角色，学生明白了自己要做什么，要怎么做，要做到什么程度——这些都会因情境和角色的不同而有所不同。以介绍故宫为例。带入一个观察者的角色，会让学生倾向于从自身经验的角度来介绍故宫。带入一个自述者的角色，可能就会在介绍中加入许多知识性的元素。带入一个童话式的视角，比如从一只鸟或一只猫的角度来介绍故宫，这显然又会与之前的介绍有所不同。除此之外，情境任务还为学生提供了介绍的接受者，就是介绍给谁听。讲述接受者的变化也会影响学生的介绍，将同一样东西介绍给 3 岁的孩子和 80 岁的老奶奶时，肯定要采用不同的方式。

学生根据课前的阅读划分了故宫小组、周口店小组、颐和园小组、天坛小组等小组。为学生提供的情境任务是类比着《人一生要去的 100 个地方·中国篇》一书，引导学生设计一本《人一生要去的 100 个地方·北京篇》。与原书是面向社会大众的不同，这本书是由小学生写给小学生的。面向大众的书可能更倾向于资料式的呈现，而面向儿童读者的书则可能更倾向于使用描述性的语言。因此让小学生写给小学生，也是看重儿童之间会对彼此的语言习惯更加熟悉这点。又因为有区位因素的影响，所以更确切地说，这本书应当是由某个地方的小学生写给其他地方的小学生的。此外，还要强调标准的重要性，注意在这一情境中达到在之前的课堂上总结出的标准。

以介绍长城为例。首先，教师将几本书中与长城相关的内容梳理出来，并向学生展示。比如，在《孩子不可不知的世界遗产·中国篇》中，对长城有着大幅的图片介绍，表现了长城的恢弘气势。书里还有诸如典故传说、遗产百科、知识链接等模块的设计，作为一本资料书来说较为丰富齐全。而在《世界遗产·中国篇》中，对长城的介绍更多以图片的方式来进行，文字相对较少。这能让学生直观感受到遗产的全貌。第三本《人一生要去的 100 个地方·中国篇》是要引导学生来进行模仿的，所以对其行文的结构要多加注意：书中有压题的一幅图片，有“中华民族的脊梁——万里长城”的题目，以及选择长城来进行介绍的理由。然后就是正文和一些基本信息，末尾是长城的重点景物介绍，包括图片和注解性的信息等。除了这三本书之外，《长城》曾经作为四年级的一篇课文，也符合这个单元中动态描写和静态描写相结合的目标要求，教师可以将这篇课文也选进来。之后，从不同的书里选择了不同的要素，并将其按照情境的要求和介绍的标准组合在一起，目的是向学生提供一个具体的例子，让学生知道该如何去做。

学生已经在上节课分成了若干四人一个的小组，小组内部的成员之间要按具体的内容结构来分工。至于具体的内容结构，以《人一生要去的 100 个地方·中国篇》为参考，除了必须有一个题目之外，还包括推荐理由、详细介绍、相关信息和必去的地方这四个方面。这正好对应每一个小组的人数，使学生能有一个较为均衡的分工。除了题目和结构之外，还要注意语言的使用，即围绕着“特别的样子”和“特别的感受”来使用语言。将本活动的学习单打印了四页，小组中四个同学每人一份，这样可以确保学生在进行情境任务时有具体的参考。学习单的样子如下。

《人一生要去的 100 个地方 · 北京篇》

题目：______________

选择它的理由

正文

主要信息

地理位置

气候特征

最佳推介

不可不看的地方

1. ________

2. ________

学习单的第一页是引导学生选择压题图片。把这些书里与他们负责介绍的景物相关的图片都扫描下来，放在一张 A4 纸上提供给学生，他们可以用剪刀剪下来粘在相应的位置。当然，在图片选择中也可以有一些设计，比如，横图和竖图的区分，来引导学生思考这里应该放什么图，能不能放下去，这是营造了一个思维困境。下面还有题目和选择的理由，这也是负责第一页的同学要完成的部分。第二页是正文，设计两个方框来供学生放入图片，并且要有图的说明。第三页是信息，包含地理位置、气候特征和最佳推介。“不可不看的地方”设计了两个图框，希望学生图文结合。由于提供的图有横版和竖版的限定，就会造成在某些位置学生找不到适合的图片。这一思维困境的营造是为了向学生提供以下的任务，在文本框中写出对所需图片的要求：创设一个情境，学生是这本书的“文字编辑”，需要与美术编辑配合工作，向美术编辑提出对图片的要求，以便美术编辑设计合适的图片；引导学生从美术的角度来描述自己需要的图片，其中就包含了跨学科的素养——要想与美术编辑成功配合，说明自己需要的是全景图、近景图还是特写图，色彩有什么要求。这就需要学生动用在美术课上学习的与图像相关的知识。跨学科学习不仅是学科知识的转换，更是思维方式的转换。

除此之外，在这一情境任务中，还有许多丰富的跨学科元素。借助这些元素，可以设计出有效的学习活动。比如，要介绍一处世界遗产，学生要查阅地理位置、气候特征，这就包含了地理学科的素养。这些跨学科的素养将在学生的学习成果中得到体现。也可以从核心素养的角度来理解这个问题：学生在日后的生活中也免不了出门远行，在远行之前，查找攻略的时候，就要用到这方面的知识，以及运用这些知识分析问题的思维方式。

这几本书中对同一处景物的介绍是有所不同的，学生在选择其中的信息进行组合的时候，对这些信息进行了又一次的整合。学生以“活起来”和“详尽而深入”为标准，结合这个景物具体的“特别的样子”和“特别的感受”，来完成这个作业，实现了整本书和教科书学习的关联。通过对一个地方的介绍，学生在文化维度、语言运用维度、思维能力维度和审美创造维度都有了提升。将每个小组的成果整合为一本书，需要更多方面的能力和跨学科素养。教师可以做以下布置：第一，在内容上继续补充包括地理位置、气候条件在内的其他要素；第二，思考封面的设计；第三，书写目录，要选择合适的标题，让读者产生兴趣；第四，设计推荐语。学生会选择怎样的角度来推荐这本书？要怎样推荐才能让更多的人来阅读？这些设计具有跨学科学习的特征，为学生提供了发展的无限空间。

教学总结阶段，除了总结本节课学的内容，还要引导学生回顾本节课的学习过程，即本节课是“怎么学的”，因为这本质上是一个思维过程。然后，再引导学生进行一次交流。在交流中，学生可以跳出学习活动的藩篱，对自己的思维发展和知识积累做一种反身性把握，一种发展式的、联系式的考量，最终走向阅读能力的提高。特别是考虑到这个学段有一个目标就要求学生主动地梳理经验，说出自己是怎样读书的，有哪些方法。因此，以总结的方式来练习比较合适。最后则是学生对五节课的学习做一个总体的梳理，包括介绍一个地方的标准是什么，内容是什么，学习流程是怎样的。这就是把整本书阅读放到了一个更大的体系里，从介绍一个地方到介绍具体的世界遗产。再来就是贯彻了“教—学—评”一致性，在这个过程中将标准细化、具体化，让学生更加明确。

对一线教师而言，整本书阅读教学的一大挑战是不要陷入所读书籍的内容之中。书籍只是静态材料。作为教学的设计者，更应当关注课程目标与课程评价之间的对应。课程标准中有了整本书阅读学习任务群的规定，但是从具体的教学实施角度来说，这仍然包含在语文课中，并没有专门的课时来进行。这就要求教师要灵活高效地开展整本书阅读教学，以确保其有结构、有节奏地进行。整本书阅读教学具有一定的方式方法。这一教学活动具有基本的结构，从而衍生出一定的教学模式。教学模式里要设计学习活动，以规定学生通过什么样的活动过程达成目标。此外，学习活动还会根据学生的学习情况而产生变化和发展。

总的来说，在从整体上把握整本书阅读教学设计时，要考虑学习的目标、评估的标准和教学的方式三个彼此关联的方面。与这三个方面相对应，又衍生出对学习情境、学习任务和学习活动的设计，这些要素使得整本书阅读教学构成一个彼此关联的有机整体。

附："世界文化遗产·中国篇"整本书阅读教学实录与反思

一、回顾反思，细化标准

师：我们先来回顾前面的三节课都干了什么。开始上课的时候，我们要确定介绍一个地方的标准，我们根据课文的题目、内容，做了比较深入的研究，比如说这张表大家还记得吗？

生：记得。

师：它主要是让我们发现什么呢？描写的这个地方都有什么。那么这一张呢？这些是介绍的地方的颜色以及样子，那么这张呢？大家看是什么？

生：喻词。

师：喻词的本质是什么？就是为了让读者更清楚地知道那些物体是什么样的，说明大家介绍的时候要和我们生活中已知的物体的样子联系起来，大家看这个呢？

生：动作描写。

师：动作描写让我们看到由静转动，由动转静，它是一个变化的过程。不管是从静变成动，还是由动变成静，变化的时候就可以叫动态，不一定是动作。所以这个地方大家也就知道"狗不叫了，牛也不再发出声音了……"也是一个变化的过程。那么根据这些内容，大家填的这个表。什么叫"详尽而深入"？我们还有一个标准的细化。最后我们得到的应该是这张表，但是上一节课因为老师准备得不是特别充分，所以没把这张表列出来，那现在大家看到这张表，小组来讨论一下，这个表和我们原来的有什么不一样。

（学生讨论）

师：好。谁来说一下？

生：它把特别的样子分成了四类，然后也把特别的感受分成了两类。

师：对，做了一个分类。这是第一个不同，还有吗？

生：我们发现表格的标准多了很多，还需要举例说明特点。

师：除了分类，还有标准。有两个标准大家上一次研究得比较多，第一个标准是"活起来"，第二个标准是"详尽而深入"，要根据形态、颜色、动态，或者自己想到的某个方面去写一个具体的标准，还要举例。那这个标准和那个标准相比，你们觉得哪个更好一点？

生：这个。

师：好在哪呢？

生：它十分详细，而且内容更多，说得更好一点。

师：他说的第二点特别关键，你们发现了吗？标准多，标准细，最终目的是什么？目的是让我们说得更好一些，我们依照这些标准就能做得更好。同学们，这就是我们对上节课的回顾和弥补。这节课还有机会，大家再做一次标准，大家想不想做？

（学生点头）

师：因为标准能帮助自己和别人。上一节课，大家写大足石刻，有些同学没写出来，有的同学写的比较少，老师反思了一下，是我的原因，我做了这样一个假设，如果我给大家 3 分钟关于大足石刻那个地方的视频，有人在那里进行介绍，是不是会让你们的介绍更好一些？

（学生点头）

二、交流感受，明确困难

师：好，现在我们就开始整本书阅读，大家都很兴奋地读的书是哪三本？

生：《人一生要去的 100 个地方 · 中国篇》。

生：《孩子不可不知的世界遗产 · 中国篇》。

生：《世界遗产 · 中国篇》。

师：那这三本书你更喜欢哪一本？（有同学说第一本）我看这个女同学一下子举起手，让她来说一下。

生：就是因为这本我们之前填过表，其他两本没有任何感情，而对这本有我们的感情。

师：你们听明白了吗？她到底说哪一本最好？

生：第一本。

师：你怎么知道她说的是第一本？

生：因为她说第一本是填过表的，有自己的感受，而对于第二本和第三本，都是没有感受的。

师：所以你就可以推断出来是第一本。

师：什么叫知音啊？就是对方并没有说出来，但是你已经知道了。知音的前提是什么？是你这三本书都读过，如果这三本书你们都没读过，她这样说的时候，你还能听明白吗？

生：不能。

师：谁还想发表意见？

生：我最喜欢的是《孩子不可不知的世界遗产·中国篇》。我觉得这本书描写得特别详细。

师：他的理由很充分，他说的是第几本？

生：第二本。

生：我觉得第三本非常好，因为第三本有充分的插图，这让我们更详细地了解了内容，并且文字非常详细，就是每一块都单独有一块儿内容。

师：非常好，他说出了两个理由，一个是插图充分。充分的意思是？

生：就是可以让我们更加详细地知道这个地方特别宏伟壮观，还特别好。

师：充分的理解不是丰富，不是多，而是什么？大。因为他说到一个词，他说的是什么？宏伟和壮观。所以我觉得他说的是那个图比较大，你们是不是也发现这个特点了？这里面的图都很大，都很充分，对不对？他说的充分是这个意思。所以大家会发现一个很奇怪的现象，就是你说的某个词所表达的内涵有时候和别人说的不太一样，这个是个性化的表达，非常好。三位同学说了三本书，各有各的理由。这也是咱们上一次上课非常重要的一个点，就是你说观点，同时要说什么？

生：理由。

师：非常好。李老师也让大家做了工作了，你们很辛苦，填了这张表，这张表填完的请举手。

（部分学生举手）

师：有的填完了。好，我想采访一下你们填这张表的感受，一定要说真实的感受。

生：我就觉得这张表特别难填，因为有些书里动态什么的还好找，有些找了半天一个都没有找到。

师：困难不是李老师设计的困难，是书里没给你提供内容是吧？

（学生点头）

生：还有就是书里没有那么多，所以困难。《人一生要去的100个地方·中国篇》那本书里没有介绍周口店，所以我在填这一块的时候，就一个也填不了。

生：是。我和他一模一样。但是我觉得填这张表特别好，三本书都读了，懂得更多了。

师：好。他也说了一个好处，他总是能从哲学的角度来思考。

生：其实我觉得填这张表也不算特别难，就是首先从书里摘录一些词句之类的，然后添加自己的创作。

师：看来同样一个任务，不同的同学有不一样的感受。困难点主要在于在书里找内容的时候，如果只靠自己的话会比较难，现在，我们要一起来做，看能不能降低一点难度。

三、合作探究，交流标准

师：我们再来搞一个活动，大家来看，就是梳理与探究，现在都拿到了这个学习单，自己都填了，我们要做的是什么呢？第一，小组交流，按照标准找出三本书中最特别的样子和最特别的感受。标准是什么呢？就是上一周三节课自己确定的标准。第二，全班交流，找两个小组来汇报，其他小组要看他们交流的这个特别的样子和特别的感受是不是符合标准，大家现在能明白要干什么了吧？

（教师下发学习单）

师：好，计时开始。

（学生开始讨论）

师：好，停，完成这个任务了吗？

生：没有。

师：没有写完是吧？但你们找出来一个最特别的样子和一个最特别的感受了吗？

生：找到了。

师：找到了，好，请大家坐好。现在请大家分享一下，我们只找两个组，哪个组愿意分享，请到前面来。

（学生举手）

师：好，周口店一个组，故宫一个组。我们来看他们的汇报，先请周口店小组。

生：我们形状中先填的是《孩子不可不知的世界遗产·中国篇》，山顶洞分为洞口、上室、下室和下窨；《世界遗产·中国篇》中猿人洞长约140米，山顶洞分为洞口、上室、下室和下窨；《人一生要去的100个地方·中国篇》中没有。颜色方面，第一个是山洞为灰色，有内部灰白钟乳石，第二个是我们写的第二列，由南向北的红色堆积物，山洞为红色。

师：好，这是你们的观点，你们忘记了还要出示理由吧？

生：因为一开始说让写形状的，我们从书里看的形状就是山洞，然后那个分为上室、下室和下窨是我们摘抄的书里的话。关于颜色，红色堆积物是从书里摘抄的，另一个是我们根据书里的图片进行分析，确定是钟乳石的图片，是灰白色的。

师：现在我们要问你的是为什么选这些。再具体点说，就是你们为什么认为这个最特别？

生：因为它们能突出这个洞的特点，因为洞里有钟乳石，而且呈灰白色，我们觉得这个洞和其他的相比比较特别，就把它的特点写出来了。而其他普通的洞，没有红色堆积物，所以我们就把这个也列出来了。

生：还有一点没写就是其实这个洞是由水溶解冲刷形成的。所以我们就把最能突出它特点的部分写出来了。

师：好，再说感受，最特别的感受。

生：静态的感受我写的是，文中用静态写出了该遗址在科学界的地位；动态就是用动态描写生动地写出了北京周口店中化石很多的特点。

师：嗯，理由还要说吗？

生：理由是因为我们在文中发现写了周口店在科学界的地位，我觉得这个也很突出。我们组的标准就是它最突出的部分可以摘抄下。

师：好的，他们说完了，你们听明白了吗？他最后说了一个比较关键的，他们组的标准是什么？

（下面学生小声回答）

师：最特别、最突出的，前边都是按照这个标准找的。你们觉得这个和你们的标准相吻合吗？他说的周口店遗址的最特别的样子和最特别的感受你们记住了吗？

（下面学生小声回答）

师：你们都记住了，你们很了不起。我们再来听听第二个组的分享。

生：北京故宫城墙的四角建有四座造型别致的角楼，角楼在建筑风格上采用我国古代木质结构建筑灵活多变的特点。我们选这个的原因是觉得好多西方的或者是中国的一些皇家园林中这些四角的楼不可能建得那么华丽，但是故宫建得比它们华丽一些，能突出故宫的特点。然后在颜色方面，我们总结下来就是故宫的屋顶大部分都铺有黄色琉璃瓦，故宫高的宫殿的门柱和门窗使用了红色，这是故宫中最有特点的地方，因为好多西方的建筑好像都是彩色的。动态是没有的，三本书里的动态描写都很少，其他写的是关于故宫的地理位置和它的房间数量，房间数量我觉得是最特别的，因为它据说是九千九百九十九间半，我很好奇它为什么没有到一万间呢？

生：因为当时有一个谋士说他在睡觉的时候做梦，梦到玉皇大帝来找他了，说我们这边有一万间屋子，你们要是建皇宫不能超过一万间，然后皇帝就让这个谋士给他改了这个屋子，这谋士觉得不超过一万间就少 0.5 间，所以就建了九千九百九十九间半间。

师：大家听他们最后说最特别的感受。

生：故宫华丽不失庄重，还有一个就是威严。然后住在里边的人很有权力、财富。

师：好，这两个展示的小组都很有勇气，说得也很有条理。周口店这个小组说得特别好，说了他们的标准。这个故宫小组也要说他们的标准。他们汇报得很不错，我们掌声鼓励一下。

（学生鼓掌）

师：好的，请回到你们的座位，非常感谢这两个小组贡献他们的智慧。那你们作为评委在下面听着是什么感受？

生：挺好的。他们特别有勇气。

师：除了勇气还有什么，我们还要有智慧是不是？要把我们选的很好的分享出来。当然刚才大家也发现了书里面写的感受比较少，那么下面就开始轮到我们出场了，我们所有同学的智慧要再次汇聚。刚才我们是汇聚了书中的内容，现在我们要汇聚的是学习单中"我的创作"，创作了的同学请举手。

（学生举手）

四、交换阅读，整合成果

师：好，谢谢你们为这些书做了进一步的创作。下面先交换阅读，轮流来阅读你的同学所创造的这个部分，要把最特别的找出来；第二个要求是排列组合：把本组最特别的句子组成一段，按照标准写成一段话，然后咱们全班再交流。你可以先写样子再写感受，也可以边写样子边写感受。第一个时段先轮流读，然后找最特别的，写成一段话，然后咱们再用10分钟来找两个组交流，能明白吧？好，第一个10分钟计时开始。

（学生讨论，教师巡视指导。）

师：我觉得最后边那个组可以到前面来汇报一下。同学们，你们下面的任务是什么？

生：听。

师：光倾听是不够的，还要用你们的智慧去捕捉他们的展示是否符合标准，可以是他们自己的标准，也可以是你们的标准。

生：我们就是把大家写的都汇总了一下，（指另一生）要不你先来读一下？

生：故宫位于北京中轴线中心，是中国最大、保存最完整的城楼，游览完故宫，我感受到了故宫的富丽堂皇，给我留下了无限的遐想。

生：是的，因为故宫有很多区域目前没有开放，的确能留下很多遐想。

师：你们自己觉得说得怎么样？

生：一般吧。

师：为什么是一般？

生：不知道。

师：（笑）她很谦虚地说了个一般。好，我们请下面的同学来评价一下。

生：我觉得她们写的还是可以的，就是有个小瑕疵——没有把故宫的华丽具体地写出来，我想提点建议，就是把故宫里面的一些内容写得更具体一些。

师：他用了具体这个词，其实在我们这个单元里具体的标准是什么，大家还记得吗？是活起来，详尽而深入。大家要用这个标准去写，所以你们所谓的“一般”是你们只说了你们的作品，但是没有说根据这个标准有哪些细节的部分，然后按照标准来说理由。好，谢谢四位同学。下一组分好工了吗？

（学生点头）

生：明清故宫又称北京故宫，在北京有代表性的建筑当然就是故宫了，故宫位于北京市中心，这里曾居住过二十四个皇帝，是明清两代的皇宫，现在称为故宫博物院。这里建筑金碧辉煌，庄严绚丽，被誉为世界五大宫之一，令人叹为观止。

生：因为我去过故宫，然后也了解关于故宫的一些历史，也上网查了资料，综合起来我觉得要先介绍，然后也说了它怎么华丽。

师：好，你们有要评价的吗？

生：我觉得他们汇报得还可以，但是特点部分没有说出来，不是说得最特殊的。

师：你们同意吗？

生：同意。

生：我觉得说出了特点，大家也看一看咱们中国一个居住过二十四个皇帝的宫殿，金碧辉煌，它上面有很多金色的琉璃瓦，所以我觉得也说了一些特点。

生：他们说了一些，但是希望可以再多加一些，这样读者可能会更加喜欢你们介绍的故宫。给你们一点建议，你们可以再加上一点自己的感受。比如说我去故宫的话我觉得很自豪。

师：来，你们三个也可以到前边来。

生：故宫美丽而又庄重，经历漫长岁月屹立不倒，是两个朝代的风采和建筑艺术的精华。

生：故宫几乎所有的建筑都铺有黄色的琉璃瓦，刷有丹朱色的墙漆，立在白玉的基座上，富丽堂皇又不失庄重。

生：故宫的建筑形象庄严、壮丽，象征着皇帝的至高无上，这些华丽的宫殿让我感到无比自豪，让我感受到故宫有着独特的文化意义。

师：好，她们说完了，大家觉得她们的作品符合她们的标准吗？

生：符合。

生：听完她们的介绍之后我能明白她们所说的特别的样子是很丰富的，然后把故宫的金碧辉煌体现了出来，感受部分也能让人体会到故宫当时的奢华。

师：我们的标准第一个是“活起来”是不是，让大家看到画面；第二个是“详尽而深入”，就是你要把它的样子、颜色都说到。你觉得她们符合这个标准吗？她们组符合是吧。

师：请同学们用掌声来对她们的智慧表示感谢。大家都表现得非常好。第一次我们活动的时候没有工作的流程，第二次有了工作的流程，一步步地在提升。

五、反思总结，完善标准

师：我发现大家在汇报和评价的时候还是对标准应用不好，所以我想咱们把标准再明确一下行不行？小组合作，根据整本书阅读与交流的情况，对标准进行细化，大家看到这个标准是什么了吗？特别的样子、特别的感受，然后后边对应着形态、颜色、动态，我们再写一些标准可以吗？大家可以先讨论一下。

（学生讨论）

师：好了，各位同学，你们都写得怎么样了？我看到比原来写得快多了，这位同学已经写完了。非常好，没写完的可以课下再写，下课。

教学反思

为了唤起学生的记忆，我又从几个不同的角度把这些学习单再次进行呈现，其实也是之前那张表格的具体化，是对上一节课的弥补。所以这次我们把特别的样子和特别的感受在内容上做了一个细分，当然这两个标准就对应活起来、详尽而深入。为什么在这里到此为止了呢？因为之前布置给学生读这三本书的学习单都是这样的，所以学生自己会对应起来。

这次是三本书一起交流学习。书的选择回应了这个单元的重点——收集资料。选了这样的三本书，让学生在这三本书中选材料，目标更加清晰。学生填的表格分两个，一个是特别的样子，一个是特别的感受，然后下面做了一个细分。我观察到学生的学习单真的像他们自己说的，动态的感受几乎没有。这既是问题也是特色，因为作者介绍的时候比较客观和中立，但是小学生写就特别喜欢像《记金华的双龙洞》那样，“我怀着好奇的心情独个儿仰卧在小船里，自以为从后脑到肩背，到臀部，到脚跟，没有一处不贴着船底了”，这样的写法学生容易模仿。

第一个学习活动是梳理与探究，其实就是把这张表格合并，这张表格就是三本书中找到的形状、颜色以及其他感受，让学生有一个可选择的空间。从学生的汇报来说，这个地方不是重点，当然我的设计里这个地方也不是重点，因为这些都做了，只不过是再整合一下。所以梳理与探究这里想呈现的是什么？是一个整合的结论，大家要注意这不是梳理，因为梳理课前就做了，这里实际是在探究，要给出一个规律性的结论似的、整合的东西出来。

第二个学习活动是表达与交流，也是本节课的重点。因为前面学习单里有“我的创作”这一列，实际上是要让学生把认为写得最特别的地方找到，然后按照标准写成一段话。从现场的表现来说，学生的整合能力还有待提高。对于活动本身，解释是解释不清楚的，只有做的时候才会碰到问题，这里会碰到的问题是：虽然他们选的都是天坛、颐和园，但是他们也很难把内容整在一起。当然我也有个预期，不一定非要特别精彩，所以我的要求没有那么高，能有整合的这个意识，然后能有一些落实就可以。我在这里还是要回应标准的问题，标准实际是一个思维的框架，也是一个表达的框架。最右边这一列“我的创作”是表达与交流里最应该用的。为什么没有画表格，而是整合在一起？我不断地提示学生读的时候分类是为了更好地理解，而表达的时候不要分类，要更好地整合起来，让读者更有整体的感受，这是表达与交流部分。后面是一个完善标准，又把这个标准发下去，让他们再来写一下。有的小组告诉我：老师，我们这次的标准跟上次的标准不一样了，做得更加具体了。

由此可见，让学生共建标准，对学生的深入阅读起到了促进作用。学生在完善标准的过程中，不断地理解标准、对照标准，用实际行动去达到标准，体现了整本书阅读中的“教—学—评”一体化。

本章小结

要点提炼

1. 从理性角度推进对整本书阅读的系统认知，通过解读“2022 年版课标”中的核心概念，为推动整本书阅读课程的实施提供理论依据。教师要让学生明确在整本书阅读中应该读什么、读到什么程度，最终以阶段性的评价促进学生表现性成果的生成。教师应该转变整本书阅读教学的理念，以此为基础更新整本书阅读教学的行动方向，从理念上和行动上寻求改变，把握整本书阅读教学的重难点，形成系统化、条理性的认知。

2. 整本书阅读的课程理解与教学应用的主体都是教师，教师的设计和实施关系到学生核心素养发展的水平。教师在整本书阅读教学中起着至关重要的作用，学习情境的创设、学习任务的布置、学习活动的设计等，都需要教师统筹规划、精心设计。

3. 读整本书教学目标的设计策略强调以终为始，具体来说，就是要将希望学生在教学之后达到的标准作为目标。同时，要设计表现型的目标，还要关注目标的表达策略，目标的设计者要清楚地说明在目标的规定中，主体是谁，要做的动作是什么，最终要达到的程度是怎样的。除此之外，还要对目标中的这几个要素提供一个可操作可检测的标准。

4. 阅读与鉴赏、梳理与探究、表达与交流，这三种课型有不同的侧重点。比如，阅读与鉴赏，学生就要关注书中写了什么；梳理与探究就是引导学生去探究为什么这样写，关注作者是怎样写的，他写的怎么样，能不能做评价等；表达与交流就是让学生思考如果换作是我，我会写什么、怎么写，这就是系统化的教学设计。

5. 作为教学的设计者，更应当关注课程目标与课程评价之间的对应。课程标准中有了整本书阅读学习任务群的规定，但是从具体的教学实施角度来说，这仍然包含在语文课中，并没有专门的课时来进行。这就要求教师要灵活高效地开展整本书阅读教学，以确保其有结构、有节奏地进行。

阅读思考

1.“2022 年版课标”已经确定了整本书阅读学习任务群在义务教育阶段语文课程中的位置，但是，仍有很多人反对把整本书阅读教学进行课程化设计。你是否看过相应的观点？说说你对整本书阅读教学课程化的看法。

2. 整本书阅读教学课程化，需要从课程的角度系统设计 6 年 12 学期的教学目标。能否结合课程标准中的建议书目，谈谈你所在年段的教学目标应该如何设计？

3.“阅读与鉴赏”“梳理与探究”“表达与交流”是“2022 年版课标”提出的语文实践活动，以这三种语文实践活动进行课型划分有什么优势和不足？

阅读行动

1. 不同年级整本书阅读教学的目标是不同的，梳理一下“2022 年版课标”中不同年段整本书阅读学习任务群的要求，看看有什么发现。

不同年段整本书阅读学习任务群的要求

学段	新课程标准的要求	我的发现
第一学段		
第二学段		
第三学段		

2. 阅读“2022 年版课标”，比较一下文学阅读与创意表达、实用性阅读与交流有什么相同与不同，说说你的发现。

两类任务群的对比

学段	文学阅读与创意表达	实用性阅读与交流	我的发现
第一学段			
第二学段			
第三学段			

3. 根据你的经验和理解，在班级内尝试进行一次整本书阅读教学，记录下你印象最深的部分。

第三章 — 整本书阅读教学案例

本章导读

案例研究是一种经验性、贴近现实的研究方法，它主要专注于研究现实中的特定现象，特别是当现象与其背景之间的界限不明显时。案例研究的特征主要包括典型性与普遍性、整体性要求，以及多元性等。案例研究是一种经验主义的探究，它研究现实生活背景中的暂时现象。在研究中，现象本身与其背景之间的界限不明显，需要运用事例证据来展开研究。

教学案例描述的是教学实践，展示教师与学生在具体教学情境中的行为和思想。它通常包含有问题的情境，这些情境可以帮助读者从现实的角度理解并解决这些问题。通过丰富的叙述形式，教学案例讲述具有教育意义的故事，反映真实发生的教学情况，为教师提供记录、分析、反思教学实践的机会。

本章的内容共分为六节，前三节具有案例研究的特点，是对已经进行过的教学实录进行提炼和反思，从不同的角度说明如何进行整本书阅读教学。后三节是整本书阅读教学设计的案例，对教学设计的基础进行说明，尤其对设计不同类型的学习任务进行了详细的展示。

第一节　学习思维与表达：整本书阅读教学的价值

——以三年级《亲爱的汉修先生》整本书阅读教学为例

整本书包含的内容丰富，可以为学生提供整体的学习情境和广阔的学习空间。因为整本书内容的丰富性、多样性，为学生的阅读素养发展提供了可能性。但是，在学校中的整本书阅读教学的可能性不应是无限的，而应是有限的，这是由学校的功能决定的。学校应该教会学生阅读，因此，语文教师应该做出选择，从一本书的社会价值、文学价值出发，确定其教学价值，进而确定教学目标和教学过程。

如何从整本书纷繁的内容中梳理出可供学生学习的内容？我认为，可以按照思维和表达两个方面来确定教学目标。而实现此教学目标的是学生可以参与的学习活动，在活动的过程中发展语言文字运用的能力，同时获得思维能力发展。

我执教了《亲爱的汉修先生》这本书的读后讨论课，与三年级的学生一起交流。这是我第四次执教这本书，每次执教的方式都不尽相同。上课之前，学生已经读过这本书了，并且使用我提供的预学单，梳理了该书的基本内容。这次课是读后讨论课，更强调培养学生的思维能力，让学生在揣摩作者表达方式的过程中，积累基本的阅读经验和表达经验，进而学会表达。

我确定了思维与表达能力发展的教学目标。整个教学过程分为：猜人物，交流读书感受；出示细节，想想为什么；聚焦主角，思考成长过程；回归整体，领悟表达方式；介绍作者，总结读法。从学生的自我感受，到整本书内容理解，再到领悟表达，总结读法，希望为学生阅读经验的积累搭建脚手架，在阅读经验的基础上发展思维与表达能力。

一、发展思维

思维是内在的。思维发展的前提是能够让学生进行思考的实践活动。让学生在思考的过程中锻炼思维，发展思维。对小学生而言，思维需要有具体的中介物才能发展。这就需要教师进行转化，把要教给学生的变成学生可以学的，把要让学生学的变成学生可以参与的活动。

（一）凭借语言思考

在跟三年级学生进行讨论的时候，我设计了可以让他们参与的活动——猜人物。“猜”并不容易，要凭借具体的语句做出思考和判断，是能够发展学生的思维能力的。

【教学实录一：猜人物进行思考】

1. 一句话，猜人物

师：下面来做一个小游戏。打开书，找到任何一句话或者一段话，当你读出来的时候能让别人一下子就猜到是谁。

（学生读书）

师：谁能读给同学听听，让他们猜一猜？好，请你们到前面来，这五位同学。所有的游戏一定要有规则。这次的规则是：如果你们能够猜出来，他们就回去坐着；如果你们猜不出来，他们就陪老师站着。

生：一二年级时，同学们都叫我“矮冬瓜”。

生：鲍雷伊。

生：小心，别丢了你的假牙。

生：法兰德林先生。

生：我想做一个防盗警报器。

生：鲍雷伊。

生：我的牙齿长得整齐又健康，省下不少钱。

生：鲍雷伊。

生：雷伊，看到你的笑容真好，希望你能一直这样开心。

生：法兰德林先生。

生：我不需要再假装写信给汉修先生。

生：鲍雷伊。

师：看来这个难度太低了。想不想来难度高一点的？

2. 一句话，猜不到人物

师：找到一句话或者一段话，读出来，让别人猜不到他是谁。时间还是1分钟。

（学生读书1分钟）

师：谁找到了？请到前面来，就五个人。这次规则变了：谁一读就让别人猜出来，那就陪老师站着；被别人猜不出来，就回去坐着。

生：记得把鼻子擦干净。

生：鲍雷伊的爸爸。

生：我比较像他家这边的人，他老爱这么说。

生：鲍雷伊的妈妈。

生：他说他在等人家往车上装马铃薯。

生：鲍雷伊的爸爸。

生：我的个子中等，没有红头发之类的特色。

生：鲍雷伊。

生：我们结婚的时候太年轻了。

生：鲍雷伊的妈妈。

生：山区，下大雪。

生：鲍雷伊的爸爸。

生：我不是你在马路上随便碰到的野小子。

生：鲍雷伊。

生：求求你把它带走，我没有使他快乐的秘诀。

生：鲍雷伊。

生：它们就算凉了，也好吃极了。

生：鲍雷伊。

生：他说，你的发明挺特别呦。

生：校长。

师：我觉得到前面来的同学有必要总结一下经验，怎么一读就被人家猜到了。下面的同学也总结一下经验，为什么他们一读，你就知道是谁。

生：因为他们读得太熟了。

生：因为他们读了最代表那些人物的句子。

师：你们找一个代表说说，你们为什么能猜到？

生：老师叫我们要把这本书读熟，所以我们能猜到。

师：通过这个小的环节，老师知道了，你们这本书读熟了。

两个活动的目标是不一样的，一个是容易猜到，一个是不容易猜到。当学生去找这样的语言的时候，就要思考，哪些是能够体现人物的鲜明特点的，肯定是容易猜到的。哪些语言是别人不太关注的，别人不容易猜到的。当学生去猜别人找出来的语言时，也要根据人物做出判断。从整个教学过程来看，这个教学设想是能够实现的。学生的思维与书中的语言紧密结合在一起。

（二）凭借细节思考

细节是最能够表现人物内心活动和性格特点的。老师找到学生不易关注的细节，让学生凭借细节，结合整本书的内容，进行整合解释。整合解释的过程先是要定位信息，然后发现问题，再根据问题找相应的线索，这样才能够形成自己的解释。整个过程都是在书中细节的基础上进行选择、思考、推论和判断。

【教学实录二：思考“我的胃”】

师：老师开始向你们请教问题了，这是我读书以后想不明白的，看你们能帮我吗？

> 电话铃响了。妈妈正在洗头，她叫我去接。是爸爸打来的。我的胃忽然变得很沉重，好像要垂到地上了。我每次听到他的声音就有这种感觉。

生：我觉得是鲍雷伊恨他爸爸。

师：你们同意吗？他只说了观点，没说证据，你有没有证据来说明？

（学生摇头）

生：我觉得因为他爸爸每次都叫他“小子”。

生：因为他爸爸每次答应他要给他打电话，都没有打。

师：是，这是其中一个原因。你们是不是应该到书里面去找找？为什么他接到电话就感觉很难受？

生：因为他爸爸把“土匪”弄丢了。

师：把“土匪”弄丢了，他就觉得胃很难受。大家看到这里最关键的是什么啊？是胃很难受对不对？

生：鲍雷伊很小的时候，他的爸爸就和妈妈离婚了。

生：因为他爸爸有一次请一个别的小男孩吃比萨。

师：在哪里？你能在书里面找到吗？告诉大家。

生：就是在“把‘土匪’弄丢了”后面那一句。

师：哪一页？

生：第132页。

师：好，请你们打开第132页。哪一句，谁能读出来呢？

（学生未回答）

师：没有。到底是在哪一页？刚才那个小女孩说的是什么，你们知道吗？是鲍雷伊的爸爸请一个小男孩吃比萨。你们找到那个地方了吗？

生：第 82 页。“喂，比尔叔叔，妈妈让我问你，我们什么时候去吃比萨？”

师：看到了吗？

生：看到了。

师：看到了有什么用啊？我觉得这两者之间没什么关系。

生：后面的一句说“我的肠胃一阵痉挛”。

师：是什么啊？（纠音）痉挛。肠胃痉挛，知道“痉挛”是什么意思吗？就是抽搐，难受，不舒服。这句和后面的那句有什么关系吗？

生：我正要说，我懂，但是一件可怕的事发生了，我想那是这通电话里最可怕的部分，我听到一个小男孩的声音。

师：他连起来了，你们觉得这一部分和“我”说的话有联系。那到底是什么联系呢？谁能一下把它说清楚？

生：因为爸爸打来的电话使他想到了这一段对话。也许他想到了这个小男孩。

师：想到了这个小男孩又有什么呢？

生：他以为他爸爸把他抛弃了。

师：好，谁能完整地把你们的想法告诉大家？

生：因为他说，“比尔叔叔，妈妈让我问你，我们什么时候去吃比萨”，说明这个小男孩是有妈妈的，鲍雷伊害怕他爸爸现在已经和这个小男孩的妈妈结婚了。

师：我现在有点懂了，鲍雷伊一听到他爸爸打电话来，就联想到他爸爸那天打电话来他听到的那段对话，他觉得他爸爸不要他了。他那一次胃是痉挛，这一次胃是怎么样啊？要垂到地上去了。是真的胃难受吗？是哪里难受啊？

生：心。

师：你们真棒，是心难受，我说为什么我读不懂呢。

这个过程是采用老师向学生请教的形式，让学生有思考的主动性。同时，出示学生不易发现的关于主角鲍雷伊的一个细节。学生围绕“好像要垂到地上了”，从书中找到相应的部分进行解释。学生的思考凭借的不是个人的主观看法，而是书中的具体情节，这样的解释是符合实际的，也是培养学生思维具有合理性的过程。

（三）凭借成长过程思考

学生读别人的故事，思考自己的人生，这也是学生阅读中要发展的能力。学生阅读要指向思考自己的人生，而这个思考过程需要建立在对书中人物的生活历程的理解基础上。书中的主角，在家中和在学校都碰到了难题，他是怎样在克服困难的过程中成长起来的？围绕这个问题，展开思考。

【教学实录三：做鱼骨图，思考成长过程】

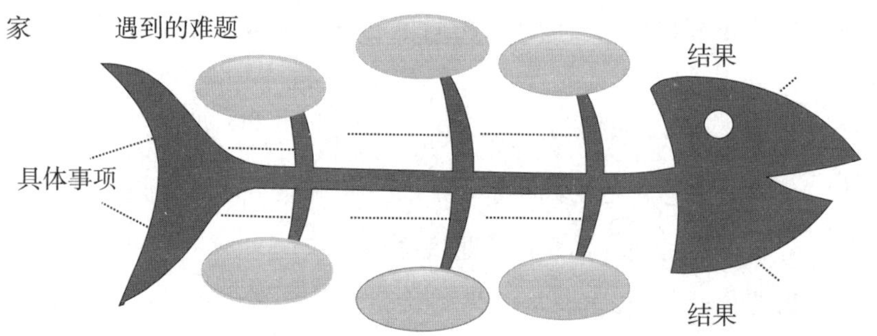

师：鲍雷伊经过了一个怎样的成长过程？请你到前面来给大家讲一下。

生：上面这部分是家里遇到的难题，下面这部分是讲在学校遇到的难题，上面是讲开头，右面是讲结果，中间是具体事例。

师：好。他说的你们听见了吗？其实，这是鲍雷伊的一个成长过程，是不是啊？他是从开头碰到的难题一二三,一直到后面的结果，这里面还要写一些具体的事项，你们都会写吗？觉得会写的请举手。

（教师发材料，让学生写。）

师：已经写完的同学请举手。虽然没有写完，但可以把故事说完的请举手。（生举手）举手的三位同学到前面来。

生：先是在家遇到的难题：一是不知道该怎么回答汉修先生留下来的一大堆问题；二是怎么阻止他爸爸，不要让他爸爸叫他小子；三是不知道该怎么做报警器。学校遇到的难题：第一，有人偷他的午饭；第二，没有朋友；第三，不知道该写什么作文参加比赛。

生：第一，父母离异；第二，爸爸弄丢了“土匪”；第三，爸爸妈妈再婚。一家人虽然没有重逢，但是也让鲍雷伊感到了轻松。

生：第一，午餐被偷；第二，心情不好；第三，故事不会写。

师：你觉得这个对了解鲍雷伊有没有用？有什么作用？

生：可以感受到鲍雷伊的心情。

生：可以知道鲍雷伊的困难。

师：如果没有这些困难，行不行？

生：不行，这个故事就太普通了。

生：不行，要不然就太枯燥无味了。

生：如果没有困难的话，这本书就没有意思了。

师：鲍雷伊因为这些困难逐渐成长，故事因为有这些困难而变得精彩。

任何一个人在成长的过程中都会遇到困难，面对困难是停滞不前，还是积极克服困难？书中人物在家中和学校都遇到了困难，他曾经苦恼，曾经暴躁，曾经想放弃，但是，在汉修先生和法兰德林先生的鼓励下，他自己选择了克服困难，直面自己，从而改变了他的人生，获得了发展。学生在填写的过程中，在讨论的过程中，逐渐领悟到这一点，这就是人生的间接经验。

二、发展语言

本书的表达特色是以日记和书信穿插来写。以往的教学中我都很注意这方面的设计。这一次，我把重点没有放在文体方面，而是找到书中的三处细节，让学生体会。对三年级的学生而言，如何写具体是很有挑战的。不过这可以让他们从作者的文字中感悟表达的准确。

【教学实录四：领悟表达方式】

（出示封面）

师：大家看到了吗？这里有一句话——

生：一本《亲爱的汉修先生》胜过所有作文书。

师：这不是一本故事书吗？怎么胜过了所有的作文书呢？

生：因为这里面写了鲍雷伊给汉修先生写了很多信，告诉我们他想表达什么。所以说，一本《亲爱的汉修先生》胜过所有作文书。

师：你在说“这本书很精彩”的时候，你想说什么？

生：因为这本《亲爱的汉修先生》通过故事书的写法，来告诉我们怎样表达内心的想法。

师：我觉得你们意思懂了，但是没有举出例子来。下面我有三段话要出示出来，你们看完这三段话以后能不能结合例子说说这本书为何胜过作文书？

> “我在这个烂学校里没有半个朋友。”我不知道自己为什么这么说，大概是我觉得非说些什么不可。
>
> “谁想跟整天摆张臭脸的人做朋友？”法兰德林先生说，“好，就算你有困难，又怎么样？每个人都有啊！如果你花点时间去想想别人，你就明白了。”
>
> “把自己变成一个乱踢午餐的坏家伙，一点帮助也没有，”法兰德林先生说，“你要从正面去想。”

（学生自由读）

> 过了一会儿，太阳从云间露出脸来。这时，那些小树叶开始移动，缓缓地张开翅膀，变成数千只橙色或黑色的蝴蝶，在一棵树上颤动个不停。然后，它们开始在阳光下的树叶间缓缓飘浮。满天的蝴蝶真是美极了，让我整个人觉得好舒服。我静静地站在那里望着它们，直到雾气渐渐升起，所有的蝴蝶又回到树上变成棕色的小树叶。这让我想起妈妈讲的一个故事：灰姑娘在舞会结束后又变回了原样。

（学生自由读）

师：谁能用这些材料说明前面的问题？

生：第一部分告诉我们，如果在作文里写对话，对话的形式有几种。第二部分告诉我们写作文的时候描写景色或者是描写一些动物应该怎么写。这个目录告诉我们如果写文章的时候分了好几章，如果有同样的题目，可以用数字给它们来排顺序。

生：我觉得第一部分可以教我们语言怎么写，第二部分可以教我们作文怎么写，所以才说一本《亲爱的汉修先生》胜过所有作文书。

师：我相信同学们看到这些话已经有些感觉了，但具体怎么写，大家应该还没有看到，由于时间关系，我们没有看得那么仔细，没有继续往下说。

对于三年级的学生而言，领悟表达方式的教学在平时的学习中比较少，所以，此次执教也是适可而止，通过实例的方式让他们了解准确表达的标准，为他们自己习作时建立一个标准，按照这个标准去完成自己的作品。由阅读思考语言表达形式，能够让阅读具有双重意义，为实现学生学会表达打下基础。

我已经第四次执教这本书，所以我对书中的内容比较熟悉。而学生阅读的时间比较短，对内容不是很熟悉，所以各个环节进行的速度都比我想象得要慢。我平时多执教高年级的课，跟这次上课的学生交流起来，觉得他们的语速还是比较慢。此次课上，学生的热情比较高，整节课都能够积极参与。

因为是公开课，要展示的方面有很多，我就把自己能够展示的部分都拿出来了。但是，我还是希望能够通过语言去理解这本书的内容，通过对表达方式的探究明确作者表达的特点。

书只是一个载体，根据这本书的特点，让学生学会理解和运用语言，这是阅读素养中非常重要的一项。

第二节　国际阅读素养的本土化实践

——以四年级《女水手日记》整本书阅读教学为例

国际阅读素养进展研究项目（PIRLS），用来评测 8—10 岁儿童的阅读素养。

在 PIRLS2016 框架中，“阅读素养”（reading literacy）被定义为：“理解和运用社会需要的或个人认为有价值的书面语言形式的能力。读者能够基于不同文本建构意义，并通过阅读来进行学习，参与学校生活与日常生活，以及进行娱乐。”

“理解与运用书面语言形式的能力”是阅读素养的第一条，其中用“社会需要”和“个人认为有价值”作为定语，目的是突出语言形式的应用性。

可见，理解和运用书面语言是学生阅读的基本能力，也是语文学科对学生语文素养发展的规定。在语文教学领域内的整本书阅读，属于语文教学的一部分，通过整本书阅读，可发展学生理解与运用语言的素养。整本书阅读应该和教科书教学一起完成语文教学的总目标。

《女水手日记》这本书的故事发生在 1832 年。我认为本书对人物刻画得好，不管是人物群像，还是人物个体，能够让四年级的学生学习如何去描写人物。经过选择，我把阅读的重点放在这本书的“语言”上，试图通过多个活动让学生感受到如何运用语言，才能精准地表情达意。

一、领悟外貌描写的语言

本书的人物各有特色，作者在写这些人的时候，一般是从衣服开始写，从整张脸到胡须、牙齿，描写很细致，运用比喻等方式，让读者有如见其人之感。四年级的同学在写人的时候，往往需要外貌描写，但是，实际中总有同学从头写到脚，都是程式化的语言，看不出人物特点。

教师需要根据书的特点和学生的需要，设计通过外貌描写猜人物的环节，不但让学生猜到是谁，还要能够从外貌上推断出是一个什么样的人，是从哪些细节进行推断的。

学生凭借具体的语言文字，说出自己的判断，依靠老师提供的语言结构重新组织语言。给学生提供的表达的结构也是在训练学生思维的逻辑性，学生能获得语言和思维能力的发展。

【教学片段一：通过外貌描写猜人物】

> 他的衣服比先前那位水手的更加破旧，换句话说，上面的补丁与碎布更多。他的手臂和腿肚子跟尖铁条一样细。布满皱纹的脸庞像是一张弄皱的餐巾，上面点缀着没刮干净的白色短须，拳曲的头发很短，嘴唇是松弛的，牙齿有一半不见了，他微笑的时候（我猜这是他现在试图做的表情），只能展示一堆参差不齐的断牙，但他的眼睛中闪烁出的好奇却具有一定的威胁性。（19 页）
>
> 这个人是（　），他是一个（　）的人。我是从（　）发现的。

让学生猜人物是把“学习外貌描写”这个目的隐藏起来，用学生喜欢的“猜”的方式，让学生尽快进入思考的情境。学生一共猜了 5 次，从有表达句式到隐去表达句式。这里只选取了其中一次和总结经验的部分。从现场的效果来看，因为“猜”这个挑战性的任务，学生的注意力过于集中在“答案”上，对语言体验并不深。直到反思的环节，他们的思维才开始深入。这从另一个侧面也可以看出这个设计的必要性，如果老师不有意识地让学生读外貌描写的部分，他们在自己阅读的过程中几乎都会跳过这样的描写。可见，教师在进行设计的时候，也要关注到应该重点学习而往往被学生忽略的部分。

二、领悟对话描写的语言

对话描写是本书的又一个特色，书中人物之间多有交流。不管是在船上，还是位于普罗维顿斯的陶雪洛的家中，她与船长、水手、父母、女佣都有很多的对话。这直接反映了陶雪洛的所思所想。

对话描写是作者表现人物的手段，也是小学生应该学习和效仿的。学生可能不会像作者写得那么好，但是他们应该具有关注的眼光和欣赏的水平。

这个部分是让学生以小组的形式来挑选对话。在活动前，教师给了清晰明确的学习任务，希望用这个任务带动学生整合的学习。

【教学片段二：找对话，猜人物】

师：总结经验，是为了更好地学习。刚才都是我考你们，现在你们互相考，这样可以公平一些。请看屏幕。

> 1. 对话分三个角度：一是陶雪洛与谢克利船长对话；二是陶雪洛与父亲对话；三是陶雪洛与水手对话。
> 2. 每个小组挑选其中一个角度，至少找出三处对话，四人一个小组。但是你们千万不要告诉别人你们是找的哪一个角度。
> 3. 汇报。两个人直接读对话，一名同学提问题，另一名同学做总结。

从这个部分的活动来看，学生的投入度和水平比上一个活动要好。他们开始适应这种方式了。但是，从我个人的角度，还是对他们的表现不太满意，我希望他们能够找到对任务表现特别突出的部分。学生因为服务于“猜”这个目标，所以找到少而偏的对话，让其他同学猜，致使其他同学猜不出。这也让我有了更多思考：老师布置的任务越明确，学生的活动才能越高效。关注到其他人都不关注的对话未必是一件坏事，所以，老师的功利性还是要再去除一些。其他同学猜不出，也有经过思考与判断的过程，对学习而言也是有收获的。现在再来反思，发现应该把找出来的对话进行比较，这样学生就会发现陶雪洛对话语言的特点，这样对理解书中的对话作用就更大了。学生会总结出一个语言结构，这个结构会有助于他们阅读其他文章。

三、体验剧本表现人物的语言

本书人物活动的两个场景：一是船上，二是家中。书的剧场感特别强，这和作者本人的写作经历关系很大，他的小说更像是剧本。因此，我就想到把书中的部分内容改写成剧本。我希望学生通过这样的改写活动，进行语言的实践，体验不同形式的语言在表现人物方面的不同之处。

我设计了“改写剧本”的学习任务，给出具体的标准要求。学生用 8 分钟的时间找到相应的部分来改写。

为了让学生了解剧本的基本特点，我提前准备了《半截蜡烛》的故事版和剧本版，让学生先阅读，发现二者的异同之处，明确改写的重点。

【教学片段三：改写剧本，体验文字表达】

师：咱们来看个例子，请大家看，剧本有什么特点？

生：我发现剧本一般都是对话，演出来的。

师：是，但是今天我们一定不是演出来，我们要写出来。谁还能发现剧本有什么特点？

生：就是感觉剧本比故事编得更细一点。

师：细在哪里？

生：故事只有一个人物的描写，但剧本是把人物的表情和动作都写出来，然后让演员去演，剧本要比故事详细很多。

师：很多加了中括号、小括号的地方，这就是剧本和故事的区别。那现在任务就来了，大家看要求，全体一起来读。谁知道第四条说的是什么意思呢？

改写剧本
1. 对二十一章“普罗维顿斯”中的一个部分进行改写。 2. 注意用人物的语言表现人物的内心想法。 3. 在人物的台词前面加上适当的提示语。 4. 表演时长不超过 3 分钟。

对四年级的同学来说，写剧本还是具有非常大的挑战的。要去揣摩那个人物当时在想什么，他在什么状态下，说出什么话。从实际效果来看，学生并没有完成剧本，但是，他们经历了思考和实践的过程。如果给他们更多一些时间，他们应该能够写出一个微型剧本来。所以，这个部分的设计就成了一次体验活动，让学生体验不同语言形式的表达作用。

四、在反思中凝练语言

教师需要设计阅读任务，让学生经历阅读过程，进行思考和表达。学习即将结束时，让学生进行总结，有利于他们整合思考和表达，不仅要思考学到了什么，更要总结是怎么学的。对于阅读而言，学生就是要思考读了什么，怎么读的，以后可以怎么读。

【教学片段四：总结经验中发展语言】

师：下面我想请几位同学用一句话总结这节课收获了什么。

生：我认为这节课我们学到了阅读的时候要仔细，不能只看一遍，要多看几遍，将里面每个人物的动作、细节描写都看清楚。就像我们这节课猜人物，看了很多都不知道究竟是谁。我们这节课还对剧本有了一些了解。

生：我觉得这节课说是让我们学习《女水手日记》，其实是让我们学习一种阅读的方法。

生：我觉得今天上的课让我认识到，读书时，虽然读了好几遍，你还不知道内容，也是有可能的。为什么？因为没有认真读，如果仔细地读一遍，那么你就能记住。

生：我认为这节课的几个环节让我们明白了，其实不是阅读了多少遍，你就对它的印象有多深。阅读最主要的是去读那些精练的、有精髓的地方。

生：其实我们读书只能读到剧情，但是书最好的部分就是人物描写，一本书你能描写多少个人，就代表了你这本书有多成功。如果一本书只能描述一个人，那么你还不算成功。如果你描述了成千上万的人，这本书就是真的能流传千古的书。

生：假如要读一本书，很多人都会说读了很多遍，假如你只读了一遍，认真地把人物描写都记下来了，就等于把这本书中的精髓给记下来了。

通过学生的发言，我们发现他们是深有感触的，经历了一节课的学习，他们对阅读本身有了更加理性的认识。这些阅读经验不断累积和提纯就会成为阅读能力，进而发展为阅读素养。我留了一项作业：出示“猜猜他（她）是谁”，写本班的一名同学。抓住人物的外貌特点，进行简单描写；用人物的语言表现人物的特点。希望使感性的经验再一次回到实践中进行检验。

这节课上完以后，我被学生感动着。有几名同学发言的状态感染了我，他们说话的时候，眼睛里有光芒。我知道是我抛出的挑战性任务点燃了他们的思维火花。最后让他们总结的时候，有 11 名同学走到台前发言，虽然他们没有按照我的意图，用一句话来表达他们的体验，但是，他们都能谈出自己的真实感受。我一直强调“一句话”，希望他们从这节课学到精准的表达，把千言万语汇成一句话。

这节课的“猜”是一个表层的活动，挑战学生的思维；深层的活动，是书中对人物的描写，包括外貌描写、对话描写、心理描写（通过写剧本去猜想）。学生在完成每一个任务的过程中，有体验，有感悟，有总结。每个环节都分为两个部分，一是活动，二是总结经验。这样分步进行，才有了最后总结阅读经验的时候，学生争先恐后，滔滔不绝。这节课上一个男孩儿眼中的光芒一直照射着我，让我不敢懈怠，上每一节课前我都要考虑如何引导学生切己体察，获取他们最直接的阅读体验。

维特根斯坦说，“我的语言的界限意味着我的世界的界限”，培养学生理解与运用书面语言的能力是语文教师独当其任的“任”，语文教师应该通过拓展学生的语言疆界帮他们去拓展人生世界。只有以理解与运用书面语言作为教学的核心目标，让“思想”“情感”“精神”“灵魂”都能安住在语言的家中，才能实现“思维”与“表达”的统一，实现“知”与“行”的统一。

第三节　如何积累阅读经验

——以五年级“汉字故事”整本书阅读教学为例

经验是经历过以后的体验。阅读经验是在阅读过程中产生的体验，是对如何阅读某类作品，解决某类问题所产生的认识。自动自发的阅读经验是学生在阅读作品过程中经过筛选比对产生的，这是一个无意识的过程。在课堂上进行的阅读，应该在老师的设计下，进行有目的的过程体验，从而积累一定的阅读经验，这是一个有意识的过程。

在积累阅读经验的目标下，学生阅读理解一部作品是为了个人的阅读经验积累，超越了单单理解作品的目标。

我执教了“汉字故事”图画书群书阅读课。汉字故事不是一本书的名字，是我选的三本跟汉字有关的故事书，这是一个内容领域的教学。教学环节包括这样几个部分：

导入：阅读经验分享；读《你会写字吗？》，回答问题；读《仓颉造字》，回答问题；认汉字，体验写故事；读《三十六个字》，回答问题；整合思考，积累经验。

我想把阅读和传统文化结合在一起，觉得从汉字入手，可能会比较适合小朋友：一是汉字是语文学习的重要内容；二是汉字是中国传统文化的符号表达；三是汉字是可以看得见写得出的，教学能够有所依凭。

怎么才能符合五年级学生的年龄特点呢？我就把这些书组合在一起，然后用相同的结构推进，让学生获得阅读经验。

一、阅读经验分享

学生只要读过书都会有阅读经验，只是学生自己不知道阅读经验这个概念。阅读经验包括怎样选书，不同的书可以怎么读。学生只要能够读懂一本书，他就会有经验的应用和获得。我的课注意调动学生的经验储备，重视形成阅读经验。

导入一节课的时候，要和本节课的目标紧密联系，而不是活跃气氛那么简单。教学生阅读的课，一定要跟阅读经验有关：读过哪些书？这些书是怎么读的？

【实录一：导入】

师：语文学习离不开一种活动——读书。你们平常都读书吗？你们都读过什么书？

生：我读过《最后一头大象》。

生：我读过《小王子》，还有《让梦想照进现实》。

师：你觉得怎么读书能读得好？平常有什么读书经验吗？

生：我觉得一本书要反复地读，体会作者为什么要写这本书。反复读完之后还要在书上写下感受。

师：他说了两个很重要的经验——反复读，写感受。

生：我觉得还要划好词好句，不理解的词要查意思。

生：我觉得还可以走进人物的内心，这样的话才可以更深刻地理解他的情感。

师：走进人物的内心去理解，大家已经说了四条经验。你们到了五年级，已经会积累自己的读书经验了。这是老师的两条阅读经验，跟大家分享：第一条是“阅读是思考过程”，第二条是“读别人的故事，写自己的故事”。带着这两条阅读经验，我们一起去阅读。

五年级学生的阅读经验经常是模糊的。经过课前谈话，我发现学生的阅读经验还停留在如何理解上——反复读和好词佳句的积累。这让我反思传统教育中的读书经验：不动笔墨不读书和好词佳句的摘抄。这两条经验不可谓不好，一是读书要重视思考，一是要注意积累和借鉴别人的语言。在现实的教学中，学生没有从老师那里学到动笔墨要写什么，是写一点儿感受，还是写自己与作者的共鸣，还是划划字词句？至于积累好词佳句，往往也是誊抄在本子上就算完成任务了，至于用不用，什么时候用，老师往往也不会教给学生。

我们对阅读经验的学习，重在使用，经常使用就会化成自己的。我这里提示的阅读经验，其实是这节课的目标，学生通过阅读，要能够体验到阅读中的思考，要能够体验到从读故事到写故事的变化。

二、阅读经验实践

阅读经验的积累，学生一定要经历阅读的过程，学生在参与阅读活动的过程中，获得体验，最后总结提炼才能形成经验。经验的积累不是知识的传递，只是知道了对学生而言是不够的，需要有切身的体验，这样才能够在下一个阅读情境中被唤起经验，作用于学生其他情境中的阅读实践。因此，要设计学生的阅读活动。

（一）体验阅读是思考的过程

【实录二：阅读《你会写字吗？》】

1. 读故事，猜发展

师：小珍珠把信交给了切叶蚁先生。没想到，他哇啦哇啦地大叫：“真可恶，我写信跟毛毛虫小姐说‘我错了’，她居然骂我‘大坏蛋’。”小珍珠说：“不对，不对，‘大坏蛋’是三个字，可是这叶子上有四个洞呢？”

师：对，这是个问题，大家看到这片叶子了吗？

生：看到了。

师：怎么切叶蚁先生会说是三个字呢？从哪看这是三个字呢，谁有想法？

生：我觉得前三个洞是“大坏蛋”，后面那个洞他指的是感叹号。

2. 同桌讨论，回答问题

师：这本书就结束了，现在来思考两个问题，这个故事讲的是什么？作者通过这个故事想告诉读者什么？

（同桌两人讨论 1 分钟）

生：这个故事讲的是有一个小朋友在写字，因为写字让他手很酸，他就不想写了。但是他碰见了两只虫子，一个是切叶蚁先生，还有一只是毛毛虫。原本是切叶蚁先生想写三个字，就是“对不起”，但是毛毛虫小姐却以为切叶蚁先生是在骂她。然后她也在一个叶子上面啃了四个洞，最后给了切叶蚁先生，切叶蚁先生也以为她骂他。最后那个小朋友觉得切叶蚁先生不识字，所以他俩就发脾气，吵架，闹不和了。我感觉那个小朋友在想：如果我也像他俩这样不识字，等到长大了，要是我用别的方法给别人写信，也误会别人怎么办。然后就去写字了。

生：我觉得第二个问题，作者通过这个故事想告诉我们一定要好好写字，要不然长大了不会写字，别人会误会我们骂他们，或者是不理解我们的意思。

师：我们说这个故事讲什么的时候，不需要把整个故事复述出来，把主要内容说出来就可以了。重点是要说你读完故事以后的感受。

【实录三：阅读《仓颉造字》】

1. 读故事，猜情节

师：要在图画上看到主要信息。那下面会发生什么呢？谁来预测下面的故事会怎么样呢？

生：仓颉发明的这种方法也不够用了。

2. 小组讨论，回答问题

师：有一个问题要问大家，仓颉有几种造字的方法？

（四人小组讨论）

生：我觉得有四种。第一种是堆石头，第二种是结绳记事，第三种是结贝壳，第四种是造字。

生：我觉得你说的前三种都是不对的，因为要说的是造字的方法，你说的是怎么记事。我觉得仓颉造字，第一种就是用贝壳穿在绳子上面，第二种就是根据一个事物的形态来造，第三种是根据动作来造，最后一种是把这些字组合在一起，创造出新字。

生：我觉得第一个同学说错了，因为堆石头不是仓颉造的字，还有结绳记事也不是仓颉造的字，那都是别人记事的方法，而不是仓颉造的字。

师：刚才同学们已经说了，是造字的方法，不是记事的方法。我们要看造字的方法，第一种是根据事物的形态、形象、形状来造。第二种，先说这种和上一种一样还是不一样，什么一样，什么不一样？

生：我觉得方法是一样的，都是用动物或者山水的样子来造字。

师：第三种和前两种一样吗？

生：不一样。

师：第一种是根据事物本身特有的特征来造。第二种是搜集整理，又创造了一些新字，比如有一个“人”字，又变成了“从”“众”等字。第三种是把造好的字组合在一起，又变成新的字。

师：谁来回答第二个问题？（内容简介）

生：这个故事讲的是华夏时期仓颉造字的过程，告诉读者汉字的演变过程，并且指出汉字还要不断地往前演变。

阅读过程中的思考，跟阅读的内容相关，让学生获得思考经验。我安排了三种不同的方式：一是根据已有情节猜故事；二是对故事中的细节进行分类；三是根据固定问题概括和总结。第一种方式指向直接推论，第二种方式指向整合解释，第三种方式指向概括和推论。学生能够根据已有信息或情节，推测接下来的故事。学生在回答“这个故事讲了什么”时过于重视细节，而不会概括，这是学生对故事类文本概括时的困难之处，他们认为遗漏了细节，就不是在说故事的主要内容。“这个故事在告诉读者什么”是让学生具备作者意识，从作者的角度来考虑，不能只凭自己的人生经验来阅读，还要能够结合作者的创作来思考作者的写作目的，这样的话，就不会望文生义和牵强附会。

经验的获得也不是一下子能够完成的，要经过多次的反复，所以在阅读第二本书的时候，我设计了重复的两个问题，让学生在重复的结构中积累经验。从学生概括故事讲了什么的时候，比上一本书有进步，能够抓住主要内容来说，也能够简要说出作者的写作目的。对作者写作目的的推测，一是凭借故事内容，二是凭借以往的阅读经验，三是凭借相关的资料。这里仅涉及前两个方面，更应该明晰作者写作时的状态以及写作的缘由来进行判断。

（二）体验自己写故事

读别人的故事，只是阅读理解的过程，写自己的故事，才是自我表达的过程。有老师和家长经常会问：我的孩子读过很多书，为什么作文写不好？他们的理论点是：读书破万卷，下笔如有神。这也是我国传统教学中非常著名的观点。其实这是重视学生对文本内容和语言形式的感悟，希望他们通过大量阅读来明白文章写了什么，文章可以怎么写。而现实中，很多学生感悟到的要么是零散的、不系统的内容，要么是肤浅的、表面化的内容。我经常说，阅读就像吃饭，写作就像做饭。有的人吃了一辈子山珍海味，依然不会做饭，因为他们没有做饭的实践。如果想要写作过关，就一定要多写作，多表达和交流。

阅读和写作是能够相互促进的，当学生把读者身份和作者身份结合在一起的时候，他们能够在阅读中学到更多，不仅是理解文本内容，还能够领悟表达方式，后者对阅读同样重要。

因此，在读完两本书以后，给学生出示写的练习，要求他们把 7 个汉字写成一个故事。学生自己写完 7 个字的故事，再去读第三本书《三十六个字》，他们的阅读体验会更不一样。

【实录四：认汉字、写故事】

1. 认象形汉字

师：这些字谁认识？我们都学了仓颉造字了，我们选三位同学到前面来，认认这些字，读一遍给大家听。

生：这个字是“日”，这个字是“山”，这个字是“水”，这个字是“森”，这个字是“林”，这个字是“鸟”，这个字是“象”。

2. 创编故事

师：刚才老师有一条经验是“读别人的故事，写自己的故事”。他们三个就要到前面来创造这个故事，你们就在自己的座位上来创造这个故事。我们来看一下要求：第一，故事要有一个主人公。比如仓颉，比如小珍珠。第二，故事要有情节变化。什么叫情节变化呢？仓颉本来有那么好的记事方法，结果弄错了，这就是情节的变化。第三，故事要有一个出人意料的结局。

（学生写故事）

3. 交流故事

师：谁想把自己的故事读给其他同学听？

生：从前有一只小鸟，它十分向往美丽的太阳。可是它飞呀飞，飞到太阳上的时候，太热了，于是它就飞了下来。紧接着它又飞到……

生：有一天，仓颉走进森林，看着太阳和山川，远远望见远处的山川上有一条河流，突然他感觉到地在震动，回头一看，一群大象在西边。

生：小珍珠要出去找大象，她先穿过了一片又一片的森林，在森林中……

（让前面口语编故事的同学来说）

生：在一个阳光明媚、红日当头的早晨，一片森林中，两只小鸟欢快地飞来飞去，落在树上，高兴地歌唱。一座挺拔的山峰下有一条清澈见底的小溪，一只大象慢悠悠地走在小溪边喝水。

4. 故事对比，发现不足

师：书中的故事和你们的故事比，有什么不一样？

生：我觉得这个故事的情节不一样，这个比我们的有更多的转折，比如说主人公还掉到海里去了，我们的故事就比较平淡一些。而且书中故事的结局也是比较意外的。

生：书中故事还写了那个男子，我们只写了画中的人物，所以不一样。

生：我觉得书中故事还把里面的象形字写得生动形象，我们写的这些都很死板；还把一些我们没有注意到的字，也变成一种动画。

师：你能给我具体地说说怎么就具体形象呢？

生：小虎失去了妈妈，回去那个老人又给他一只羊，他弯下腰把那只羊给那个男子了，这个男子也是拱手接过来的。

师：作者把汉字还原成图画，再还原成真实的那个事，让这个故事变得有感情，有温度。所以，一个故事一定要有感情、有温度，才会让读者永远记住。当然，还要有情节的变化和出人意料的结局，这样读者才会喜欢。

让三名同学在讲台上编故事，是看他们的口头语表达水平，其他同学在座位上写故事，是看他们的书面语的表达水平。后面让同学们对比来评价，目的是看口头语与书面语的优势和不足。口头语可以随时编随时改，但是不易记录和传播。书面语可以记录和传播，但是书写速度受限，修改也不容易。

汉字的排列组合的成果就是文章。所以，让学生知道汉字的魅力就在于此。对比是让学生思考的重要策略，学生在对比中思考，了解了口头语与书面语的不同。通过自己的故事与《三十六个字》的对比，发现了汉字是有感情、有温度的，同时也发现了作者构思的巧妙之处。

在思考的过程中，学生获得思考实践，写故事的实践；在实践的过程中，学生既有共同体验，也会有个性化的体验。

三、阅读经验总结与积累

经历了前面的过程还是不够的，还需要更整合的思考，把三本书放在一起，让学生从书的内容中跳出来，跳到阅读本身来。再就是反思阅读的过程，看自己有什么收获。

【实录五：整合思考】

师：我们知道每本书要告诉我们什么，现在把这三本书放在一起，老师想要告诉你们什么？

生：老师告诉我们写字应该写好，还要不断创新，才会把字连成故事。

生：我觉得应该好好学写字，因为这个字是仓颉很辛苦才造出来的，还要把这个字写好，要写成好字。

生：我觉得这节课还告诉我们字的重要性。

师：最后，我想请一位同学来总结一下这节课我们学到了什么，怎么学的。

生：我觉得这个故事主要讲了汉字在我们现实生活中的重要性，告诉我们要把汉字发扬光大。我们学会了通过思考和写新故事来阅读的新方法。

师：他说了他自己的想法，特别好。老师刚才说的是这节课你学到了什么和怎样学的，对你有什么启发。因为我们前面分享的是阅读的两条经验，是谁的经验？是老师的。现在变成你的经验了吗？在阅读中，你们要不断思考，这样才能成为有思想的人，这才是阅读的真正意义。

这个课我执教过三次，本次因为时间关系，只让一名同学进行了总结，在另一次的课堂上，学生进行了很好的总结，因为学生的阅读经验不同，他们感受到的也不同，所以总结出来的内容也不同。

不管是多是少，学生都在原有的基础上有所发展。学生发言的水平并不代表进步的程度。

让不同阶段的学生都有发展，就需要教师超越读物本身，把理解内容作为一个平台，把阅读经验当作核心目标，这样才能实现学校阅读的核心目标——教会学生阅读。

上完这节课，我自己感觉还不错，因为我让学生积累阅读经验的目标基本达到了。但是，有老师给我提问：图画书适合低幼阶段，为什么拿到五年级来教，这样的定位是否有问题？

我想说的是，对于一个研究阅读的人来说，评课的标准还是看教学的目标是否达成。我的教学目标是让学生获取阅读经验。我注重的是“过程”和“体验”，故事的道理学生是懂的，但是不经历过程的懂只停留在“知”的层面，而不是“行”的层面。

第四节　基于整本书阅读学习任务群的教学设计

——以二年级《岩石上的小蝌蚪》为例

一、课标要求

“2022 年版课标”在整本书阅读学习任务群“学习内容”第一学段中提出:“阅读富有童趣的图画书等浅易的读物，体会读书的快乐。”“阅读自己喜欢的童话书，想象故事中的画面，学习讲述书中的故事。”这不但要求学生阅读图画书等各类书籍，能因阅读理解体会读书的快乐，也要求其学习讲述故事，能根据自己的选择，呈现书中的内容。在“教学提示”中提出:“应创设自由阅读、快乐分享的氛围，善于发现学生阅读整本书的成功经验，及时组织交流与分享；善于发现、保护和支持学生阅读中的独到见解。”“自由阅读”是低段学生整本书阅读的主要形式，帮助学生在与图画书的亲密接触中积累阅读经验。“快乐分享”是低段学生整本书阅读讨论的重要途径。学生以不同方式分享阅读收获，获得思维的发展。统编教材以图文结合的方式呈现了大量童话，学生对图文结合的书不会感到陌生。

结合“2022 年版课标”的要求、教材特点和学生实际，我选取《岩石上的小蝌蚪》作为二年级上学期整本书阅读教学的内容。

二、设计思路

《岩石上的小蝌蚪》讲述了一个悲伤而又感人的童话故事。小蝌蚪信守承诺，等待小哥哥用玻璃瓶带走它们，它们一次又一次地放弃获救的机会，结果被太阳晒成了小黑点。

故事中浸润的是中华民族重情谊、守信用的美德，作者用悲伤的情感基调讲述童话，通过小蝌蚪纯真无瑕、执着于情谊的美好心灵，让低段学生既感受到故事的悲壮美，也感受到不遵守承诺带来的危害，懂得不应该像小哥哥那样说话不算数。这个故事篇幅较长，但是情节较为简明，故事人物并不复杂，适合低段学生学习。为了让二年级学生更好地理解这本书的内容，积极地参与阅读活动，在不断地思考和表达中获得素养发展，我设计了如下的学习框架：

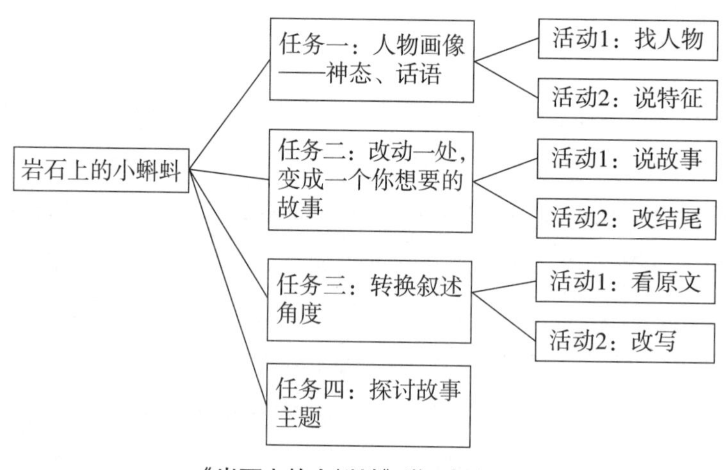

《岩石上的小蝌蚪》学习框架图

三、案例呈现

（一）教学目标

（1）培养学生识别好的故事类图画书的能力。

（2）在梳理探究和讨论的过程中发展学生的分析判断能力。

（3）在改写中发展学生的讲故事能力。

（二）学习要求

从学习结果的角度评价学习目标的达成状况，我提出了如下学习要求：

《岩石上的小蝌蚪》整本书阅读学习任务群的学习要求

学习任务	学习要求
人物画像	（1）能从书中找出所有人物；（2）能说出不同人物的表现。
改编故事	（1）能按照提示讲故事；（2）能通过改动某一处改变结尾。
转换叙述视角	（1）能了解以不同人物进行叙述的角度；（2）能选取一个人物角度并叙述故事。
探讨故事主题	（1）能结合问题进行讨论；（2）能从自己的角度猜测作者的写作意图。

（三）教学过程

任务一：人物画像——神态、话语

活动一：找人物。

从书中找出小哥哥、小蝌蚪、岩石老公公、小花狗、小花鸭等。

活动二：说特征。

选取自己喜欢的一个人物，用下面的图表说说他的特征。

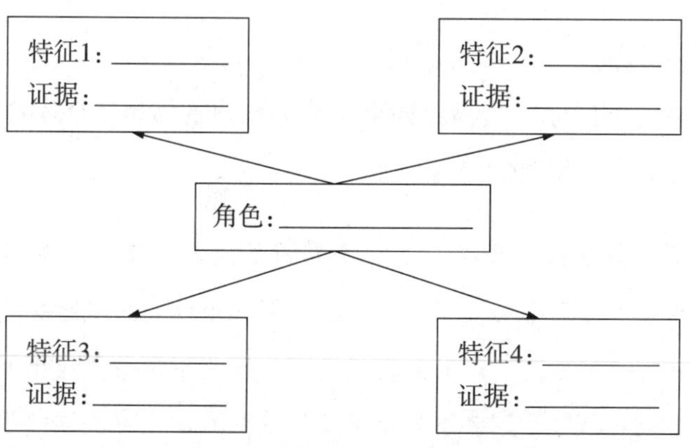

《岩石上的小蝌蚪》人物特征图

设计意图：人物是故事的重要组成部分，能够找到童话中的人物，并且说出人物的一些特点，是低年级童话阅读的重点。这里设计了两个活动：一是找人物，结合图画和文字找出书中的人物。通过这个活动，学生既锻炼了提取信息的能力，也能够对故事有更全面的了解。二是说特征，对不同的人物有所了解。这里要注意的是，不能要求低段学生对特征进行概括，应该引导他们更注重形象化。

任务二：改动一处，变成一个你想要的故事

活动一：说故事。

在下表的帮助下，说说这个故事。

《岩石上的小蝌蚪》情节发展结构表

题目	岩石上的小蝌蚪	
主角	小蝌蚪	
情境	时间	
	地点	
事件	故事刚开始发生了什么	
	接下来发生了什么	
	结尾是怎样的	

活动二：改结尾。

这个故事的结尾你喜欢吗？如果不是你想要的结尾，能不能改动故事的某一处，使其变成你想要的结尾？

设计意图：童话故事通常都有一个美满的结尾，但这个故事不是。学生会因为小蝌蚪的结局而闷闷不乐。为了给他们一个改变故事结尾的机会，我设计了两个活动：一是说故事，根据表格提示，把故事简要复述出来；二是改结尾，结尾的改变一定是因为前面某处情节的改变。学生再次读故事，看改变哪里能够让结尾有变化。通过这两个活动，学生既锻炼了思维能力，发展了表达能力，又能深入理解童话故事的结构，并把自己的思想情感融入故事中。

任务三：转换叙述角度

活动一：看原文。

原文是以谁的角度来讲故事的？

活动二：改写。

可以从小蝌蚪、小哥哥、岩石老公公、小花狗、小花鸭中选择一个角度，重新讲讲这个故事。

设计意图：转换叙述角度是为了让学生体会不一样的故事，在这个故事的基础上进行思考。这里也设计了两个活动：一是再次熟悉原文，体会是从谁的角度来讲故事的；二是选择其他人物角度，试着讲故事。这个部分看似简单，实则很难，因为学生转换叙述角度以后，语言也要改变。这能够锻炼学生的思维能力和表达能力。

任务四：探讨故事主题

《岩石上的小蝌蚪》通过各种生动的表现手法，描写水洼里的小蝌蚪等待小哥哥，最终死去的故事，表现了小蝌蚪信守承诺、倔强执拗的单纯性格，以及为了履行承诺宁可献出生命的可贵品质。

（1）不久后，男孩儿发现了小蝌蚪，他会怎样？

（2）长大后的男孩儿读到了《岩石上的小蝌蚪》，会怎样？

（3）这个故事到底想告诉我们什么？

设计意图：探讨故事主题对于二年级学生来说有点儿难度，如果让学生提炼主题，那更是难上加难。此处引导学生对三个问题进行思考：第一个问题是从儿童角度出发，思考男孩儿再次回到这里，发现了小蝌蚪，他会怎样。这个问题引导学生在前面学习活动的基础上，对具体事件进行评判，能帮助学生更深入地理解故事的意义。第二个问题是从成人角度出发，思考长大以后的男孩儿读到这个故事会有什么样的表现。这是对整个故事的反思。第三个问题是从作者的角度出发，思考为什么写《岩石上的小蝌蚪》。小蝌蚪为了信守承诺，不惜牺牲生命，这对当下学生的价值观树立有一定的启发意义。

第五节　整本书阅读的学习任务设计

——以三年级《童话山海经·巴蛇吞象》为例

一、课标要求

“2022年版课标”中整本书阅读学习任务群的“学习内容”部分，第一学段提出，“阅读自己喜欢的童话书，想象故事中的画面，学习讲述书中的故事”。《童话山海经·巴蛇吞象》便是“神话”和“童话”的结合体，因为《山海经》中的内容多以神话的方式来讲述，作者把这些神话又以童话的方式进行了转化，可以说内容是神话的，形式是童话的。所选内容是优秀传统文化的体现，应该结合学生的实际进行阅读设计。

“2022年版课标”在教学指导部分指出“指导学生认识不同类型图书的特点和价值，根据自身实际确定阅读目的，选择图书和适宜的版本，合理规划阅读时间”。要能够了解神话故事充满想象力，是人类祖先理解自然并做出解释的一种方式。能根据阅读目的进行阅读。“设计、组织多样的语文实践活动，如师生共读、同伴共读、朗诵会、故事会、戏剧节，建立读书共同体，交流读书心得，分享阅读经验。”学生要在具体的实践活动中，积累阅读经验，发展阅读能力。读写互动的方式，能够让学生的思维能力和表达能力协同发展。

结合“2022年版课标”的要求，结合教材和学生的实际，我们选取了《童话山海经·巴蛇吞象》进行整本书阅读教学设计。

二、图书特点

《巴蛇吞象》为《童话山海经》童话集的第一篇。《童话山海经》把经典变成一部可以亲近的书。这部书是中国传统文化的种子根植进作者的内心，历经风雨后长出的一棵树。这棵树可以带给小读者快乐，也能带来花与果。相信这些故事能够把文化的基因种进小读者的记忆里，长成一片森林。

“巴蛇吞象”的故事出自《山海经·海内南经》，原文为“巴蛇食象，三岁而出其骨，君子服之，无心腹之疾。其为蛇青赤黑。一曰黑蛇青首，在犀牛西”。大致的意思是：有一种巴蛇能吃大象（传说巴蛇生于南海，黑身子，青脑袋，长 800 尺），它把象吞下去后，消化三年，才把象的骨头吐出来，这种象骨服食后可治腹内的疾病。作者萧袤基于传统的经典，以当代儿童喜闻乐见的形式讲述中国优秀传统文化故事，坚持现代童话的创作手法和创作理念，把当代中国儿童的现实生活，巧妙地融入童话的幻想之中，把当下与传统、古典与现代、现实与虚构融为一体。

这本书具有文化意蕴的深刻性和体裁的适应性，因此，在小学中段学习较为合适。

三、设计思路

本设计适用于三年级，可对应统编版小学语文教科书三年级上册第三单元。

为了让三年级学生能够更好地理解本书内容，并且能积极地参与到阅读活动中，在不断的思考和表达中获得素养发展，我们设计了几个学习任务。整个学习任务群围绕“童话我来讲”展开，从学生的角度了解童话的基本特征，能够根据童话的特征讲述童话故事。童话故事的主要特征是主角经历波折之后有一个美好的结局，让学生从结构上把握童话的这个特点。另外，童话中的神奇想象是其主要的特征，让学生能够充分挖掘童话的语言价值，发现想象的神奇之处，也是讲好童话故事的关键。讲述故事要有具体的读者对象，能够清晰故事的结构以及带给读者的感受。学生讲好童话故事，除了了解故事本身，还应该了解作者是如何写的，从而更准确地把握故事结构。

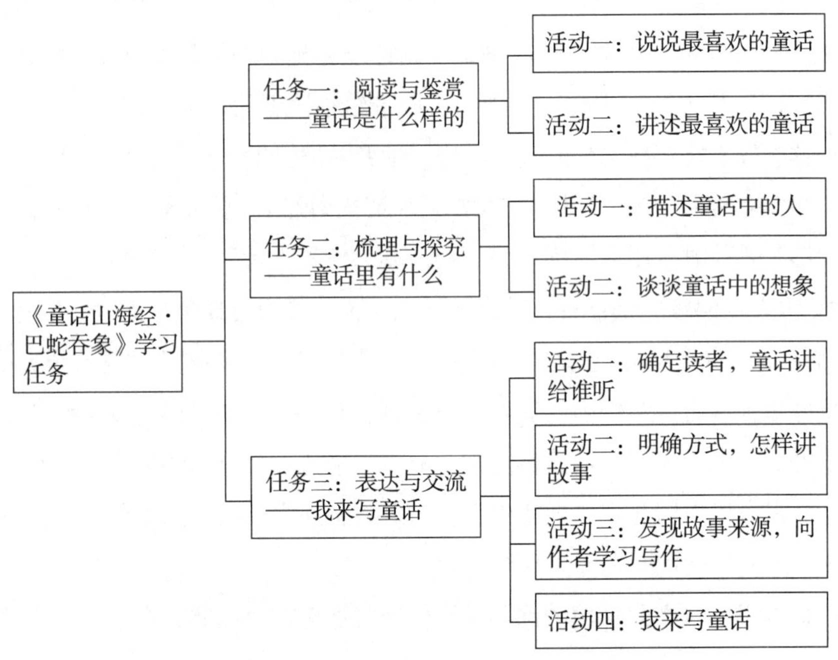

《童话山海经·巴蛇吞象》整本书阅读学习任务群学习框架图

本书任务设计的前提是学生自己阅读全书。阅读与鉴赏学习任务主要是让学生交流阅读感受，从“喜欢的故事”的角度整体感知童话的文体特点。梳理与探究学习任务是从“人物”和“想象”的角度探究童话的文体特点。表达与交流是从学生写童话故事的角度，展示学习所得，能够评价学习的程度。三个学习任务是相互关联的语文实践活动，以本书作为学习材料，用学科实践来处理材料，在此过程中学生积累阅读经验，发展阅读素养。

围绕“童话我来讲”的情境任务，设计了纵向进阶和横向关联的学习活动。

阅读与鉴赏。结合故事结构单，了解书中的故事。活动一是说说最喜欢的童话。活动二是讲述最喜欢的故事。学生可以挑选最喜欢的故事或者故事片段，进行讲解练习，在练习的过程中，发现童话的特点。

梳理与探究。结合故事结构单，对比不同故事中的人物。活动一是描述童话中的人物，结合不同的特点进行描述。活动二就是谈谈童话中的想象，不同的想象部分是如何用语言进行描述的，发现语言表达方面的特点。

表达与交流。在前面的体会和理解的基础上，确定读者对象，把“于儿”这个故事讲出来，同学之间可以结合前面的故事标准相互评价。活动一是确定读者，明确故事讲给谁听。活动二是明确讲故事的方式，从故事结构和如何描述想象两方面进行练习。活动三是了解作者是怎么写故事的，也是从想象和故事结构两个方面来了解。活动四是学生根据故事结构组织语言，讲述故事，可以先口语表达，再用书面语的形式表达。

四、案例呈现

（一）学习目标

从学习结果的角度评价学习目标的达成状况，对三个学习任务的完成过程及最终结果，提出具体的学习要求。

《童话山海经·巴蛇吞象》整本书阅读学习任务群的学习要求

学习任务	学习目标
阅读与鉴赏	（1）能从书中找出喜欢的故事并说明理由； （2）能根据故事结构的提示讲述喜欢的故事。
梳理与探究	（1）能用自己的话描述书中的人物； （2）能梳理书中表现想象力的语言。
表达与交流	（1）能根据读者对象确定讲述故事的注意事项； （2）能根据书中语言理解如何表现神奇之处； （3）能从作者的创作谈中发现故事的表达结构； （4）能根据具体的框架写故事。

（二）学习准备

1. 学习资源

《童话山海经 · 巴蛇吞象》（彩图拼音版）。

2. 学习工具

学习任务单。

（三）学习过程

任务一：阅读与鉴赏——童话是什么样的

活动一：说说最喜欢的童话。

我最喜欢（　　），因为（　　）。

活动二：讲述最喜欢的故事。

根据童话故事屋结构表，选择自己喜欢的故事讲给同学听。

童话故事屋结构表

题目	主角	情境		事件		故事结局
		时间	地点	主要问题：故事刚开始发生了什么呀？	故事经过：接下来发生了什么呀？	
巴蛇吞象	巴蛇			巴蛇爸爸说不能吃象，小巴蛇不知道为什么。	小巴蛇忍不住吃了大象，结果动不了了。	巴蛇爸爸去世了。
互人	“我”			互人吃了奶奶煎的小鱼。	看到了互人和奶奶在一起。	最后互人离开了。
骑木桶的人	骑桶人			公主招亲，爱上了骑桶人，可是国王不同意。	骑桶人满足了国王的要求。	
菌人	周饶民					

设计意图：阅读与鉴赏是整本书阅读的基本学习实践活动，阅读的过程

中有感悟和体验，欣赏的过程中能够区分不同文体的特点。

活动一，是说说自己喜欢的故事，重点在喜欢的理由。希望学生能够在阅读的基础上，识别好的故事，也能够通过说明理由对故事有更深入的思考。活动二，是根据故事结构提示，把故事简述出来，培养学生概括故事主要内容的能力。在简述故事的过程中，通过纵向比较，把握童话故事的特点。通过以上两个活动，以感性与理性的两个角度识别童话故事的主要特征，为后面的学习活动打好基础。

阅读与鉴赏应采用以下几种学习策略。

（1）整体认知策略。小学生对故事的认知总是整体的，从个人经验出发的，根据这个认知特点，教师设计了让学生讲述最喜欢的故事，让学生思考“为什么喜欢”，从个人经验和故事内容两个角度进行整合，理解故事的主要内容。

（2）对比分析策略。童话作为小学阶段的重要文体，与其他文本有着共同的文体特征，这种特征不能只靠教师的讲解，还需要学生参与，这样才能真正感受到、体验到。让学生通过表格的填写和对比分析，领悟文本特征。

（3）归纳总结策略。学生通过对比分析，进行归纳和总结。让学生经历过程，有意识地归纳思维成果，有利于学生养成良好的阅读习惯。

任务二：梳理与探究——童话里有什么

活动一：描述童话中的人。

结合童话故事屋结构表，分别描述故事中的主角。

活动二：谈谈童话中的想象。

童话故事中最神奇的地方有哪些？根据这些神奇之处，找到书中的原文进行梳理，探究这些语句有什么相同点，有什么不同点。

设计意图：梳理与探究是在感知童话故事结构的基础上，通过探究规律进一步了解童话故事的具体特点。

活动一，描述童话中的人，从人物特征的角度理解童话故事里的“人”应该具有奇特之处，不同于现实生活中的人。以书中的“菌人”为例，让学生选择其他人物进行描述。活动二，谈谈童话中的想象，抓住这本书中以比喻表达想象的主要方式。以“菌人”中的比喻为例，让学生能够拓展到其他篇目中。通过以上两个活动，以人物的特点为基础，理解本书中以比喻表达想象的表达方式。

梳理与探究应采用以下学习策略。

（1）复述的策略。小学生对故事的细节很感兴趣，也能无意识地记忆，让学生对童话中的人物进行描述，让学生有意识地复述细节部分，有利于学生思维能力的发展。学生在复述的过程中，养成以书面语进行描述的习惯，有利于学生语言运用能力的提升。

（2）对比分析的策略。“2022 年版课标”对学生思维能力的发展非常重视，从思维过程和思维类型两个角度进行提示。这里主要强调思维过程，以对比分析的方式来探究童话中是以什么样的语言形式来写想象中的“人”。这对低年级学生而言，有一定的难度，因此采用了提问的形式，一步步引导学生进行探究。

任务三：表达与交流——我来写童话

创设情境：出示《山海经》中的“于儿”部分（图、文），《童话山海经》的作者想把原著《山海经》中的“于儿”改成一篇童话故事。我们能够帮他写一写“于儿”的故事吗？

活动一：确定读者，故事讲给谁。

如果把“于儿”的故事讲给下面表格中不同的人，应该注意什么？

读者对象表

讲给下面的人	应该注意什么
5 岁的小朋友	
9 岁的三年级同学	
15 岁的初中学生	
80 岁的老奶奶	

活动二：明确方式，怎样讲故事。

童话的魅力在于奇妙的想象，看看书中的故事是怎样写出奇妙的想象的。

故事语言表

题目	最神奇的地方	有哪些语句
巴蛇吞象		
互人		
骑木桶的人		
菌人		

活动三：发现故事来源，向作者学写作。

作者讲述了《巴蛇吞象》的故事是怎么来的。我们能从中发现什么呢?

原来啊，按照《山海经》的记录，“吞象之蛇”还真的存在呀！我为中国古人的幻想而折服。于是，沿着这条思路，我写下了童话《巴蛇吞象》。

“巴蛇食象，三岁而出其骨”，为什么“三岁而出其骨”呢？当然是因为象牙不容易消化。三年，难受啊。既然象牙那么不容易消化，为什么还要吃大象呢？有故事了。

我写了三条巴蛇的故事，小巴蛇名字叫逶逶，他遇到了一个叫迤迤的女小巴蛇。它们结婚后一起照顾不吃不喝几乎不能动弹的老巴蛇。

老巴蛇千叮咛万嘱咐，叫它们千万不要吃大象，然而……故事大家自己去看吧。仿佛宿命，又像寓言，最后的场景是悲壮的，也是发人深省的。

就这样，一段《山海经》中寥寥数语的记载，变成了一篇几千字的童话《巴蛇吞象》。

作者讲述了《骑木桶的人》的故事是怎么来的。我们能从中发现什么呢?

民间故事的讲述总是从“从前”开始，直接、简洁、通俗、有趣，情节往往采用“三段式”结构，既是复沓，又有变化，结尾当然是“从此他们幸福地生活在一起”。我喜欢民间故事，我要对民间故事进行“高仿”，我希望我写出的童话让人看不出是作家创作的，而以为是早就在民间到处流传的故事。“咳，我还以为是民间故事呢，原来是你写的呀！”什么时候有读者这样对我说，就是对我最大的鼓励与奖赏。比如，《骑木桶的人》开头是这样写的：……

根据这些，我们可以怎么构思要写的“于儿”的故事？

活动四：我来写童话。

根据上面的活动和获得，先填写下面的两个表格，然后完成自己的童话故事。

“于儿”故事结构表

题目	主角	情境		事件		故事结局
		时间	地点	主要问题：故事开始发生了什么？	故事经过：接下来发生了什么？	
于儿	于儿					

“于儿”故事语言表

题目	最神奇的地方	用哪些语句
于儿		

设计意图：表达与交流是对童话有比较充分的理解之后，学生个人进行的创作活动。创作的基础，是前两部分的理解，在这一步集中运用，通过最后的故事创作了解学生的学习情况。

活动一，从读者的角度来看故事的结构及语言方式。此处重点强调了读者年龄，让学生在具体的情境中，设身处地从读者角度来思考，推测不同的读者喜欢什么类型的故事。

活动二，让学生找到神奇之处，能够结合具体的语言来看是哪种神奇。目的是让学生能够了解怎样用语言表现故事的神奇。

活动三，提供了书中所附的作者创作谈，想从两方面为学生创作提供支架：一是从哪里开始想象，重点应该放在故事发展的过程中；二是从故事的结构给出提示，学生可以选择“三段式”的结构方式。

活动四，为学生创作童话搭建具体的支架：一是完善故事结构，有一个大体的轮廓；二是找到“于儿”的神奇之处，在语言表现方面做一些准备。这个部分的密度比较大，对三年级学生不能要求太高。从思维结构和语言表达两方面给予支持，学生就能够写出符合童话特点的神奇故事。这节课是我在课堂上实践过的。从学生的作品来看，他们能把学习到的技巧运用到故事创作中，较好地把握了故事结构，能够用语言表现“于儿”的神奇之处。

表达与交流应采用以下学习策略。

（1）情境设计策略。学习情境是让学生知道为什么进行学习，同时，也让学生从不同角色的角度来思考，明确任务的指向。这里设计的是让学生以作者的角色思考读者的需要。

（2）任务驱动策略。具体的学习任务是让学生创作“于儿”的故事。给学生提供了学习支架，也是学习的难点，就是如何以恰当的语言来描述。这和前面的“阅读与鉴赏”“梳理与探究”是密切关联的，前面两个任务的设计，都是为了完成“表达与交流”的任务。

（3）成果表现策略。最终需要以“于儿”的故事作为表现性成果，为此搭建了两个支架：一是故事结构，二是语言表现。通过表格的形式，让学生能够一步步地完成故事。最终编出来的故事，是学生文学阅读与创意表达的成果，也是整本书阅读学习任务群与其他学习任务群的联系。

第六节　跟着名著写故事

——五年级《西游记》整本书阅读学习任务设计

一、课标要求

"2022 年版课标"指出，"整本书阅读教学，应以学生自主阅读活动为主"，强调学生在整本书阅读中的主体地位；"引导学生了解阅读的多种策略，运用浏览、略读、精读等不同阅读方法"，注重阅读策略的指导，让学生能够不断梳理与总结阅读方法，逐步掌握不同文体的阅读方法。

古典名著的阅读对学生了解中华优秀传统文化，形成文化自信具有重要作用。教材中选入了古典名著的片段，学生通过其他媒介也能对古典名著的内容有所了解。但是，因为时代阻隔，学生理解起来还是有一定的难度。因此，选取哪个角度进行阅读、交流，才能发展学生的语言运用能力、思维能力及审美创造能力，尤其值得研究。

结合"2022 年版课标"的要求及学生已有的阅读经验，我们选择《西游记》原著进行五年级上学期整本书的教学设计。

二、设计思路

《西游记》是中国古代神魔小说的代表作，具有神幻迷离、诙谐浪漫、雅俗共赏的特点，适合小学高年级学生阅读学习。为促使学生阅读有目的、阅读有收获，我们设计了有梯度的阅读任务。一是阅读与鉴赏，即从阅读与鉴赏的角度，帮助学生走进书籍。读前引导为学生打开阅读的大门，引领学生走进书本的世界。此外，在阅读的基础上使学生有意识地对人物进行赏析，分析特点鲜明的人物形象，为进一步品读打下基础。二是梳理与探究。面对整本书的阅读，梳理全书内容、厘清行文顺序是进一步深入阅读的基础。在学生对整本书的内容有清晰的把握后再进一步完成学习探究，展开深入理解。三是表达与交流。我们阅读和学习的目的之一是能够清楚地进行个性化的表达。所以在前两项任务完成的基础上，学生可以根据自己的创意进行书本内容的续写，完成个性化表达。

五年级学生读《西游记》，在文字阅读方面会存在一些障碍。阅读与鉴赏学习任务主要是让学生阅读原著，了解人物特征，找出描写人物特点的精彩语句。梳理与探究学习任务是把人物放在整本书的架构中，发现这本书塑造人物的方法。表达与交流学习任务让学生续写《西游记》，在原有故事的结构中，以原著的语言形式进行续写，不一定要写得跟原著一样精彩，而是希望学生通过这项任务，更好地理解作品本身及其表达特点。三个学习任务相互联系，层层递进，教学开始就让学生明确最终的学习成果是什么，助力学生更好地完成学习活动。

三、案例呈现

（一）学习目标

（1）能阅读原著，做到大体理解故事内容。

（2）能从情节、人物等方面梳理原著内容。

（3）能根据阅读收获构思一个新的故事。

（二）学习要求

从学习结果的角度评价学习目标的达成状况，对三个学习任务的完成过程及最终结果提出具体的学习要求。

《西游记》整本书阅读的学习要求

学习任务	学习要求
阅读与鉴赏	(1)能根据关注的重点阅读原著； (2)能通过寻找特征发现整本书的特点； (3)能通过具体的场面理解书中的语言。
梳理与探究	(1)能通过梳理取经经历把握书中的情节； (2)能通过对比磨难以及探究解决办法对书中内容进行梳理； (3)能在辩论中表现对人物的理解。
表达与交流	(1)能应用原著的故事结构来创作自己的故事； (2)能从书中语言理解如何表现故事情节。

(三)学习过程

任务一：阅读与鉴赏

活动一：读原著。

提起《西游记》，想必大家一定不陌生，这部小说用奇幻的想象叙述了一个个曲折离奇、妙趣横生的故事，读起来引人入胜、趣味无穷。孙悟空大闹天宫、三打白骨精、三借芭蕉扇等故事，我们耳熟能详。大家可能通过连环画、睡前故事、动画片、电影等方式了解过《西游记》，那么你读过原著吗？用不同方式演绎的《西游记》与原著中的故事有没有不同？师徒四人的性格特点是否尊重了原著？带着这些问题，让我们一同到原著中寻找答案吧。

活动二：找特征。

《西游记》中的人物栩栩如生，都具有鲜明的个性。同时这部小说还充满了浪漫主义的幻想色彩，比喻、夸张、反复、排比等修辞手法的使用让文章更加生动，俗语、歇后语更是使人物语言幽默风趣，展现了活泼、诙谐的人物形象。孙悟空本领高强，能斩妖除魔，但也有顽劣的一面，还爱捉弄八戒；唐僧不畏艰险，一心向佛，善良博爱，却又迂腐懦弱；猪八戒憨厚滑稽，却贪吃、懒惰，禁不住诱惑，对大师兄的捉弄不满，可又不敢当面反抗，只能背后“搞鬼”；沙僧恪尽职守，一心一意保护师父西天取经。书中还有很多性格特点鲜明的人物，让我们一起到书中去找寻吧。

活动三：找精彩。

(1)《西游记》中精彩的场面描写有很多，例如第五十回中孙悟空与妖怪斗力的描写：

金箍棒举，长杆枪迎。金箍棒举，亮藿藿似电掣金蛇；长杆枪迎，明幌幌如龙离黑海。那门前小妖擂鼓，排开阵势助威风；这壁厢大圣施功，使出纵横逞本事。他那里一杆枪，精神抖擞；我这里一条棒，武艺高强。正是英雄相遇英雄汉，果然对手才逢对手人。那魔王口喷紫气盘烟雾，这大圣眼放光华结绣云。

(2) 你还喜欢书中哪些斗力、斗法或斗宝的场面描写？读一读并想一想，作者是如何将场面描写得如此精彩的，和你的阅读伙伴交流一下想法。

学习策略：

(1) 多元互动策略。学生对《西游记》中的故事内容并不陌生，但是阅读起厚厚的文学名著，还是有一定困难。教师通过引导学生将原著与动画片、电影、电视剧等多种媒介形式进行对比，引发学生的阅读兴趣，帮助学生克服阅读困难。

(2) 分析与总结策略。高年级学生在阅读的过程中要有丰富的思考过程，这样才能将学生的阅读引向深处。在指导学生读原著的过程中，教师要引导学生运用自己的分析理解能力，品读不同的人物形象，并及时进行总结，从而为形成人物评价奠定基础。

设计意图：阅读与鉴赏是《西游记》阅读的重点部分，是所有学习活动的基础。活动一是阅读《西游记》原著，以对比自己熟悉的故事为起点，让学生在影视剧、动画片的基础上，找到熟悉的部分，看看有哪些相同和不同之处。以学生的认知经验为基础，有益于学生突破语言难关，降低阅读难度，让学生产生挑战阅读的兴趣。活动二是找特征，包括人物特征、整本书的结构特征、语言表达的特征等。活动三是找精彩，对书中的场面描写进行重点阅读，这符合五年级学生需要通过具体的情节来理解人物特征的认知特点。

任务二：梳理与探究

活动一：梳理取经路线。

《西游记》中的取经路线与真实历史中玄奘的路线不同，你可以发挥想象，根据书中内容尝试画一画取经路线，或者将师徒四人所经历的国家列一列。请大家来试试吧，可以运用绘画或思维导图等形式进行创作。

活动二：探究磨难与办法。

唐僧师徒四人经历九九八十一难才取得真经，一路上他们不畏艰险、降妖伏魔，展现了勇气与智慧。在师徒四人经历的磨难中，你觉得哪些最为棘手？他们又是通过怎样的办法克服困难的呢？请你试着提炼总结一下吧。

办法探究表

棘手的困难	解决的办法	感受到人物怎样的品质

活动三：辩论。

孙悟空又被称为“美猴王”，可是有人说他并不“美”，你同意这种观点吗？如果以“美猴王美不美”为辩题组织一场辩论赛，你会支持哪一方？尝试着为自己写一小段辩词说明观点。

我支持的观点是：______________________________

____

我的辩词：______________________________

____

学习策略：

（1）信息筛选与提取策略。《西游记》的故事内容丰富，信息众多，对唐僧师徒四人所经历磨难的梳理，可以帮助学生学会筛选和提取信息，使学生比较容易把握整本书的脉络，厘清故事内容。

（2）对比分析策略。《西游记》中的故事内容是相对独立的，但与阅读单篇文章不同，整本书的阅读更能引导学生关注作为整体的一本书中故事内容的关联。将不同的磨难经历进行对比，可以增强学生的分析能力，加强故事间的联系，让学生形成整体阅读的意识。

（3）思辨评价策略。高年级的学生更重视高阶思维的训练，通过辩论，学生可以对自己和对方观点进行深入的辨析与思考，并在思考论述依据的过程中完成一次次的论据评价，达到思维的深入发展。

设计意图：梳理与探究是学生在阅读与鉴赏的基础上进行比较阅读，有利于学生思维的发展。活动一是让学生通过梳理取经经历，对故事的先后顺序、地点的变换都能有所了解，对整本书的内容有整体把握。活动二是对师徒四人解决磨难办法的探究，通过对比分析，发现在阅读不同故事时不能发现的规律，能从“整体”的视角来看每一个“孤立”的故事，能够产生不同的联系，锻炼学生整体把握故事的能力，积累阅读经验。活动三是辩论，在对整本书的结构和故事类型把握的基础上，以整体的观点来看书中的人物，从不同角度对人物的“美不美”进行辩论。

任务三：表达与交流

创设情境：唐僧师徒四人经历了九九八十一难才取得真经，这八十一难中如果请你构思一难，你将如何编写？请你构思一下，注意情节要曲折。你可以参考下面的构思，也可以自己创造。

活动一：明确故事结构。

充满悬念的开头：师徒四人到了一个全然不了解的地方，师父离奇失踪。孙悟空渐渐揭开迷局：孙悟空通过某种方法（向土地公公打探、到天庭询问等）了解事情真相。

展开营救：孙悟空带领两位师弟对师父展开营救，与妖怪斗力、斗法或斗宝。

师父得救：师徒四人继续取经旅程。

你可以先试着画一画情节曲线，也许会有助于你接下来的创作。

活动二：寻找语言支架。

我们再一起看看在语言运用上《西游记》有哪些特色，这对你的创作会有所帮助。

（1）对话形式。

读读下面的句子，想想它们使用了什么样的语言形式。《西游记》中还有许多这样的句子，你也可以试着写一句这种语言形式的话。

> 小妖道："猪八戒与沙和尚倒哄过了，孙行者却是个'贩古董的——识货！识货！'他就认得是个假人头。"行者答道："老官儿，你估不出人来。我小自小，结实，都是吃了磨刀水的，秀气在内哩！"

（2）幽默语言。

在《西游记》的语言描写中，作者运用成语的谐音、双关或歧义等方式让语言更加生动幽默，也突出了人物的特点。例如：

> 那八戒见了寿星，近前扯住，笑道："你这肉头老儿，许久不见，还是这般脱洒，帽儿也不带个来。"遂把自家一个僧帽，扑的套在他头上，扑着手呵呵大笑道："好！好！好！真是'加冠进禄'也！"

> 还不曾站稳，不期行者在前门外使棍子往里一捣，那怪物护疼，径往后门撺出。八戒未曾防备，被他一尾巴打了一跌，莫能挣挫得起，睡在地下忍疼。行者见窟中无物，搴着棍穿过去叫赶妖怪。那八戒听得吆喝，自己害羞，忍着疼，爬起来，使钯乱扑。行者见了，笑道："妖怪走了，你还扑甚的了？"八戒道："老猪在此'打草惊蛇'哩！"

书中还有哪些这样的成语妙用？读一读，说说这些成语本来的意思，品味一下这样用的好处。

学习策略：

（1）层层递进策略。在学生尝试表达的过程中，教师为学生设计有梯度、有层次的训练，一步步帮助学生完成创意表达。故事的创编离不开跌宕起伏的情节，教师帮助学生设计构思，并请学生先完成情节曲线，搭设起故事框架，再进一步丰富故事语言，从书中汲取养分，独立完成表达任务。

（2）思维发散策略。《西游记》中一个个精彩生动的故事给学生带来了丰富的阅读体验。学生可以基于此继续发散自己的思维，将思路延展开，进行故事创编、原著续写。

（3）迁移运用策略。学生在阅读过程中积累了丰富的语料，也尝试总结写作的方法。通过创意表达，学生可以将所学进行迁移运用，形成知行合一的学习态度与学习能力。

设计意图：表达与交流是学生阅读整本书后的成果表现。对小学生而言，做到阅读、理解已经不容易了，再模仿书中结构和语言去进行创作，更是难以做到，在这里做这样的设计，让学生接受阅读的挑战，教师已经在前面搭建了学习支架，保障学生能够在一步步完成任务的基础上进行创作。活动一明确故事结构，这是学生在阅读与鉴赏、梳理与探究的基础上再一次明确故事的结构，让学生能够据此构思自己的故事。活动二寻找语言支架，给学生多方面的提示，尤其是对话的形式，五年级的学生基本能够把握这种形式以及语言的使用细节，如，成语的谐音、双关或歧义等方式。

学生创作的西游路上的“一难”能够集中反映学生是否理解了《西游记》这本书，这种创作是读写互动的一种探索。学习任务群让学生在完成不同任务的过程中不断地思考和表达，让“知”与“行”慢慢统一。

（此篇与北京实验二小高妍老师合作）

本章小结

要点提炼

1. 可以按照思维和表达两个方面来确定教学目标。而实现此教学目标的是学生可以参与的学习活动，在活动的过程中发展语言文字运用的能力，同时获得思维能力的发展。

2. 维特根斯坦说，“我的语言的界限意味着我的世界的界限”，培养学生理解与运用书面语言的能力是语文教师独当其任的“任”，语文教师应该通过拓展学生的语言疆界帮他们去拓展人生世界。只有以理解与运用书面语言作为教学的核心目标，让“思想”“情感”“精神”“灵魂”都能安住在语言的家中，才能实现“思维”与“表达”的统一，实现“知”与“行”的统一。

3. 自动自发的阅读经验是学生在阅读作品过程中经过筛选比对产生的，这是一个无意识的过程。在课堂上进行的阅读，应该在老师的设计下，进行有目的的过程体验，从而积累一定的阅读经验，这是一个有意识的过程。

4. “自由阅读”是低段学生整本书阅读的主要形式，帮助学生在与图画书的亲密接触中积累阅读经验。“快乐分享”是低段学生整本书阅读讨论的重要途径。学生以不同方式分享阅读收获，获得思维的发展。统编教材以图文结合的方式呈现了大量童话，学生对图文结合的书不会感到陌生。

5. 古典名著的阅读对学生了解中华优秀传统文化，形成文化自信具有重要作用。教材中选入了古典名著的片段，学生通过其他媒介也能对古典名著的内容有所了解。但是，因为时代阻隔，学生理解起来还是有一定的难度。因此，选取哪个角度进行阅读、交流，才能发展学生的语言运用能力、思维能力及审美创造能力，尤其值得研究。

阅读思考

1. 一本书的内容非常丰富，怎样确定学生研讨的方向体现了教师的课程理念。你认为一本文学书，最重要的是向学生传递哪方面的价值观念？

2. 整本书阅读教学和学生核心素养发展之间有什么联系吗？如何在课堂上依据这些联系，让学生确实有收获？

3. 整本书阅读学习任务群的提出，给一线教师进行整本书阅读教学提供了支持，同时，也让大家产生了困惑。文学阅读与创意表达、实用性阅读与交流、整本书阅读学习任务群之间是什么关系？在选择整本书阅读教学时，教师如何处理几者之间的关系？

阅读行动

1. 搜集几篇同一本书的整本书阅读教学实录，如《小英雄雨来》，然后进行对比分析，看不同的执教者的教学理念。

课例	教学目标	教学重点	教学过程	教学评价	我的发现
课例一					
课例二					
课例三					
课例四					
课例五					

2. 如果你已经进行过整本书阅读教学，可以选取其中的一个或几个案例，研究一下自己的教学理念，完成一篇教学案例。

3. 为你所带班级的学生选择一本书，根据整本书阅读学习任务群的要求，做一个简单的教学设计，并尝试在课堂上实施。

第四章 — 整本书阅读教学的学校行动

本章导读

教育部等八部门印发《全国青少年学生读书行动实施方案》，这个方案的关键词是“读书行动”和“实施方案”，重在落实在青少年学生的读书行动中。

青少年读书行动是指通过系统化和计划性的方法，鼓励和帮助青少年培养阅读习惯，提高他们的阅读理解能力，拓宽知识视野，以及通过阅读来促进其个人全面发展的一系列活动。这不仅仅是增加阅读量的问题，更重要的是提升阅读的质量和效果，让青少年从阅读中获得知识和乐趣。

青少年读书行动是一个全方位、多层次推进的过程，它不仅关注青少年的阅读量，更重视质的提升、兴趣的培养以及阅读深度和广度的拓展。这种行动，可以有效地提升青少年的语文素养，丰富他们的知识储备，培养终身学习的习惯，为未来的学习、工作以及生活打下坚实的基础。

青少年读书行动的主阵地还是在学校，以整本书阅读教学为主体，学校需要开展多方面的研究和实践。

本章内容分为六节。前两节是青少年读书行动在学校里开展的样态：一是要进行有组织的阅读，让学校里的阅读更有质量；二是需要思考在人工智能时代，在校园中如何进行阅读。后面四节都有一定的针对性，乡村学校的阅读更应该重视，尤其是校长的作用至关重要，需要校长去大力推动。班主任如何引导学生阅读？这一章也给了一些建议。教师阅读是指导学生阅读的基础，指导学生阅读是各个科任教师都应该尽到的职责。

第一节　有组织的阅读：青少年学生读书的校园行动

从狭义上说，组织就是指人们为实现一定的目标，互相协作结合而成的集体或团体。学校作为教书育人的基层组织单位，对青少年读书负有不可推卸的责任，也有得天独厚的组织优势。

一、有组织的阅读：系属划分

学校根据《全国青少年学生读书行动实施方案》的要求，“学校党组织要加强对青少年学生读书行动的领导，书记、校长要亲自抓，‘一校一案’认真组织实施”。

学校由教学或科研部门组成推动读书的机构，班级组成书香班级，每个班由学生自愿结合组成“读书小组”，每个人分属不同的读书小组。读书，成为有组织、有计划的集体行为。以读书小组为单位，制订阅读计划，相互监督，共同落实。

学校通过评选优秀读书小组，推动学生进行阅读。以小组为单位，保证了读书的活力，也保证了读书的长效性，让每个学生都能在他人的影响下进行阅读，也能够因为遵守共同约定而进行自我约束。学校定期举办读书交流活动，读书小组每周开展活动，书香班级每月开展活动，书香学校每学期举办一次大型的读书交流活动。

二、有组织的阅读：系统设计

广义上说，组织是指由诸多要素按照一定方式相互联系起来的系统。有组织的读书就是学校阅读的系统化设计。学校根据国家《基础教育课程教学改革深化行动方案》的要求，“有组织地持续推进基础教育课程教学深化改革”“因校制宜‘一校一策’，把国家统一制定的育人‘蓝图’细化为地方和学校的育人‘施工图’”。

学校根据国家课程对阅读的要求，参考国际阅读素养的标准，对阅读课程进行全学科阅读的总体设计，制订出学校阅读课程实施方案。各个学科根据学校阅读课程方案，结合学科课程标准对本学科的阅读课程进行细化。首先，进行学科阅读课程的目标设计，把课程标准的要求与学生的实际情况结合起来，把目标分化到每个学期。其次，对阅读课程的内容进行设计，结合课程标准和教科书要求，参照《中小学生课外读物进校园管理办法》，选入中华传统经典、红色经典和当代经典阅读，丰富学生阅读书目。再次，对阅读课程的实施进行设计，按照“阅读与鉴赏”“梳理与探究”“表达与交流”等阅读课型，结合具体的书目进行案例分析，为教师提供参考样例。最后，对阅读课程的评价进行设计，结合学科课程标准的学业质量要求，从“检索提取”“整合解释”“反思评价”等角度设计阅读能力测评题型，提供阅读测评的样例，同时也提供了阅读指导的思路。

阅读课程目标细化到学期，阅读课程内容活化为书目，阅读课程实施落实到课型，阅读课程评价具体为试题，学校阅读课程就成为一个互动的系统。师生在阅读课程的指引下，能够进行符合组织结构的阅读，阅读变为可达到、可参照、可操作、可检测的素养工程。学生在阅读课程中涵养，不超越边界，不加重负担，又能够在经过优化设计的系统内获得素养提升。

三、有组织的阅读：系列活动

学生读书有一个显著的问题需要关注，那就是“兴趣”，很多人认为读书兴趣最重要，但是，如果读不懂、学不会、做不对，学生就不会有兴趣，所以，为了保持学生的读书热情，交流展示活动的设计很有必要。学校读书月、读书周、读书节的活动是基础，设计系列的展示活动是激发读书活力的重点。

阅读成果动态展示，“充分利用教室、走廊、校园等空间”，开辟“故事坊”“演讲台”“读书厅”等，不同年段的学生可以在统一时间到不同地点，参与阅读成果展示交流活动。

阅读成果的静态展示，“用好宣传栏、文化墙、校园广播”，让每一面墙壁都成为展示学生读书成果的有效空间，学生可以自行选择把自己的作品在相关主题下张贴，其他学生也可以采取“留言板”的形式进行互动。校园广播稿从这些展示空间中选择，进行全校播报。

有组织的阅读，能让学生找到归属感、成就感，促进学生主动读书。

第二节　由符号思维到数据思维：校园阅读的攻防转换

ChatGPT 的出现，仿佛就是一夜之间。与其他发明创造一样，走进公众视野之前，它经过了较长时间的酝酿与完善。教育在迅猛发展的人工智能面前是“俯首称臣”，还是发挥新动能新优势以应对人工智能带来的挑战？面对人工智能来袭，“教育元宇宙”与“教育数字化”让更多的学生了解了人工智能，让更多的学生因人工智能辅助教育而受益。但是，只有这些就够了吗？

从制造工具，到发明文字，人类经过了漫长的历程。在这个过程中，人类具备了抽象思维，这让人类有机会登上太空，遥望宇宙，也创造了无法预估的“人工智能”。智能对人类而言是经过长久的积淀与发展的，“突变”是看似偶然的事件。而对人工智能而言，“突变”也许就是一瞬间，就会获得几何级数的发展。人的独特性在于“脑中的瞬息万变”，从而构成了智力；人工智能的独特性在于“算法的持续”，从而构成了“算力”。算力让人工智能有可能具备智力。

文字是人类智能发展的基石，阅读是人类智能发展的主要活动。文字出现很多年以后，阅读才变得普遍，于是整个社会获得了巨大进步。阅读，改变了人类的思维水平和表达方式，让大脑能进行更加抽象的思考，可以想象“不存在”的宏观世界或“看不见”的微观世界。

人工智能的发展也依赖于“阅读”大量的信息，这种阅读不是单纯的检索信息，而是进行信息处理。所以，阅读的重要性在于对信息的处理。阅读不是把学生培养成移动硬盘，而是要培养成中央处理器。

儿童阅读因其“普惠性”和“普慧性”而应该受到空前重视。国家义务教育语文课程标准的施行,《全国青少年学生读书行动实施方案》的颁布,凸显了阅读的地位，让阅读走进语文课堂，也让阅读惠及所有学生。

儿童阅读要构筑防线，守好底线。人工智能时代，儿童阅读如何开展?打好符号思维的基础，守好符号思维的阵地。首先，由“课外阅读”变为“课内阅读”——课程设计与实施。结合国际阅读能力测试指标，结合各学科课程标准，尽快实现全学科阅读，纸质阅读与数字化阅读并行。其次，由“知识积累”变为“智慧生成”——教学改进与推行。知识积累能够促进思维变化，但是，不是被动的结果，而是需要思维的主动参与。改变“教授”与“讲练”的教学方式，让学生主动参与到知识梳理与探究的过程中，建立基本思想框架，学习多角度思维。最后，由“天赋差异”变为“群体达标”——学习表现与评估。阅读的结果是学生解决问题的意识和能力的双重提升，有解决问题的思维路径，同时具备解决问题的行为能力。这就需要我们依据阅读素养的标准，对所有学生应达到的水平进行监控，使相同学段的学生能达到平均水平。

以上还属于儿童阅读的防守，儿童阅读在守好底线的前提下，还需要主动进攻加长战线。“攻”就是重视阅读的育人功能，教会学生阅读，并且能通过阅读进行学习，来处理大量的信息，生长智慧，就像用火箭把学生这样一颗颗卫星送入轨道，使其能够自己在轨道上运行。

学生由符号的抽象思维走向数据的分析思维。抽象思维是把具体的事物加以概括提炼，发现规律，依赖对规律的识别来处理同类情况。当一切熟练之后，思维基本就固定了，这是大脑的生理机制决定的，大脑因为“能源减省”原则而不断地“偷懒”，让人的思维维持在能处理日常工作和生活的水平上。人类在发展过程中形成的模块化思维为人们的生活提供了便捷，如，人脸识别，机器经过多次计算仍不能区分，而人却能在极短时间内区分，并且省去了中间思维辨别的过程。要想获得再次发展和进步，就需要不断“重启”，然后再经历不熟悉到熟悉的思维过程。这样，思维能力才能得到再次发展。如果一直处于相对平衡的状态，大脑的发展就处于低水平或者还会倒退。

如果想让大脑获得持久的发展，就需要从依赖符号识别和建构意义的基础上再向上迈一层台阶，变为处理数据的分析思维。人工智能就是因为用模型处理大量数据而抓住规律，能够应对人类的提问的。如果人工智能真的能够自己建模处理数据了，那就真的达到智能的水平了。因此，人类的阅读应该尽快进入分析数据尝试建模的时代，由符号思维走向数据思维。

从数据的角度看阅读的材料，包括文章、书籍、视频等。学校除了图书馆、阅览室、图书角等物理空间，还应该提供能及时上传和访问的数据平台。有了数据平台才具有了数据思维的可能。学校提供的数据平台应该遵循以下几个原则。

一、要具备儿童阅读的数据供给思维：大量、丰富、多元

数据时代，对“螺旋式”上升和“最近发展区”提出了挑战，ChatGPT已经表现出了“大量出奇迹”。

以大量的书籍供给为基础，发展学生快速阅读、提取信息、处理信息的能力。马克思、毛泽东以及非常多的历史人物都是在大量阅读的基础上形成个人思想的。现在比较能肯定的是大量的阅读让“朴素的思想框架”变得更加完善。所以，有意识地提供足够多的数据，是儿童阅读开启新时代的基础。阅读的方式，也不再是细水长流式和细嚼慢咽式的阅读，而应该是江河奔涌式和“狼吞虎咽”式的阅读。“咀嚼”的不是阅读的材料，而是“回味”阅读的过程，从阅读的过程中，提取思维的经验，建立并完善个人的思维框架。

数据种类要多，如图书、报刊、音频、视频等各种形式，体现数据的丰富性，从而为学生提供选择性。从阅读的角度而言，学生可以找到一本书所能延伸的所有材料，如，同一主题或体裁的书和文章。不同国家、地区、作者的作品。不同表达形式的作品，如，实用性阅读，描述性、说明性的文章或书籍。还可以提供跟书籍内容相关的电影、戏剧、纪录片等。

二、要具备儿童阅读的数据处理思维：稳定、快速、输出

用不同“思维架构”来处理阅读数据，稳定的是使用者，不稳定的是“思维架构”和“阅读数据”。学生能在更多的不确定性的数据中寻找思维的确定性。

学校提供的文章、视频、音频、图书等大量的信息，需要学生快速识别与分析，把大脑从慵懒的“自然状态”唤醒为积极的“生长状态”，就像用一件大事让躲在山洞里几十年的“武林高手”重出江湖，充分激发其大脑的潜能，来应对这个复杂的时代。阅读需要从“精读”“略读”到“速读”的传统路径变为“速读”“略读”到“精读”的路径。

输出是数据分析后新的存在状态。阅读是一种心理过程，需要进行表现性的输出，能促进阅读者更深入地思考。所以，教室内外、学校公共区域都要提供便捷的学生输出的区域。学校也可以形成常规，给不同年级学生不同的格式来进行输出，让学生把阅读后的收获张贴在学校公共区域，实现输出与反馈的便捷。

三、要具备儿童阅读的数据共享思维：安全、便捷、友善

大家具有数据共享思维，才有可能实现海量数据供给。每个人是数据处理者，同时也是数据提供者，学校中不同的老师和学生都可以提供类型化的数据。学校应该为此建立相应的数据平台。

要有数据分享的安全氛围。从教师的权威判断，变为网络时空的“免责”，有安全的数据共享平台，这些是学生对相同或不同数据处理以后的结果输出，不会因为“低端”而不受欢迎。

分享应具有便捷性，是随时随地可以把分析结果分享出去，同时能接收到大量的同类或不同数据。如，学生提交一本书的推荐语，可以提交到学校数据平台，也可以张贴在学校公共区域。学生如果需要，也可以同时看到历届学生同类型的推荐语。这样可以让所有学生都为数据库贡献力量。

由符号思维走向数据思维，由单个符号的组合建立意义，走向模块整合的意义建构。学生在学校分享的所有信息，都能得到友善的对待。如，学生提交了阅读小说的研究报告，需要校长或他认为重要的老师进行评价，相关人员就要及时给出反馈，让学生的信息得到及时反馈。

由归纳抽象过程走向了分析具象过程。数据思维，让思维处于情境之中，进可攻退可守，进可以实现分析之后更高度的抽象，退可以还原成无数情境中的具体事实。向“人工智能”学习数据思维，用大数据处理的方式重新建构思维模式，以新的思维模式处理更多的数据，会让人类的智能获得更多的进步，更大的发展。校园中的师生以大数据处理的方式认知世界，才有可能从“认知陷阱”中跳出，突破认知局限，走向更具综合性的分析思维，建立更为完整的认知框架，从能认识世界的某个点，到线段，到射线，到直线，再到复杂的整个世界。这样人类的思维才有可能实现再一次迭代，以应对未知的未来世界。

人工智能时代已经以迅雷不及掩耳之势到来，因情境的复杂性而经常表现为“惰性”的学校，这一次，应该做出有史以来最快的反应，让在校的师生，可以开始大量的快速的阅读，以数据分析思维识别、处理尽可能多的信息。在此过程中，期待大脑能够释放潜能，进行思维建模，让师生能够应对人工智能的挑战，更好地与这个世界相处，延长人类命运共同体在宇宙中的生命体验过程。

第三节　乡村学校阅读：校长的理解与推动

乡村学校作为中国教育的重要组成部分，理应抓住契机，开辟新赛道新领域，激发新动能新优势，改变乡村学校的阅读现状，为乡村儿童的发展蓄力。乡村学校的校长，作为新乡贤的代表，应努力做到“知行合一”，把良知与善行合二为一，以推动当地文化素养提升为己任；结合新时代教育的特点，因地制宜，立足乡村学校实际，培养乡村儿童的阅读习惯，促进乡村儿童阅读能力的提升；不仅让乡村儿童读好书，让更多乡村孩子爱读书、会读书、善读书，还能以儿童的阅读带动家庭的阅读，促进区域的发展。在此过程中，校长对乡村学校阅读的理解力与推动力都是事情成败的关键要素。

一、乡村学校阅读的必要性

理解乡村学校阅读的价值与意义，是做好阅读的前提，是构成校长“良知”的基础。

（一）乡村振兴与乡村阅读密切相关

民族复兴与乡村振兴的联结点在“人”，尽力培养能够投身乡村建设的人才是当务之急。国家乡村建设从“精准扶贫”到“精准扶智”再到“扶志”，体现了战略上的重视。而乡村阅读是“扶智”和“扶志”的着力点，能让更多的乡村儿童找到人生榜样，确定努力的方向，成为会思考能行动的人。

对我国城乡成年居民2022年图书阅读率的调查发现，我国城镇居民的图书阅读率为68.6%，高于2021年的68.5%；农村居民的图书阅读率为50.2%，高于2021年的50.0%。2022年，我国城镇居民的纸质图书阅读量为5.61本，较2021年的5.58本多0.03本；农村居民的纸质图书阅读量为3.77本，高于2021年的3.76本。从城乡对比来看，2022年我国城镇成年居民的听书率为37.1%，比农村成年居民的听书率31.5%高5.6个百分点。

从这些数据来看，农村与城镇在图书阅读和听书阅读上还有差距。怎样缩小这些差距呢？关键是乡村学校的阅读活动。

（二）乡村阅读是师生素养发展的有效路径

新教育实验是一个以教师专业发展为起点，通过“营造书香校园、师生共写随笔”等十大行动为途径，以帮助师生过一种幸福完整的教育生活为目的的教育实验。“营造书香校园”已经在很多乡村学校产生了重要影响，让更多的校园充满书香，让更多的孩子爱上阅读，学会阅读。

由此可见，阅读在乡村学校是可以推行的，并且能够通过阅读促进学校面貌的改变，促进师生的发展。

（三）乡村阅读与乡村儿童发展的不均衡

中国新闻出版研究院发布了第二十次全国国民阅读调查结果。从未成年人的图书阅读率来看，2022年0—8周岁儿童图书阅读率为73.5%，较2021年的72.1%提高了1.4个百分点；9—13周岁少年儿童图书阅读率为99.2%，较2021年的99.1%提高了0.1个百分点；14—17周岁青少年图书阅读率为90.4%，较2021年的90.1%提高了0.3个百分点。

从以上数据可以发现，仍有大量的儿童还没有开始阅读。如何让更多的儿童因为阅读而获得发展，成为学校的重要命题，乡村学校同样应该引起重视。

二、乡村学校阅读的生长点

搞清楚乡村学校阅读的困难点，是做好阅读的关键。从困难点入手，进行有针对性的改变，就会成为乡村学校阅读的生长点。校长以此为抓手，切实改变乡村学校阅读的面貌，实现阅读改变人生的目标。

（一）阅读书籍

书籍是大问题，没有书籍，阅读就不可能发生。乡村学校的阅读，人均阅读图书占有量低。乡村集市销售的图书，多数比较粗劣，从内容到印刷质量都可能存在问题。面对如此多的问题，乡村学校该如何解决呢？

1. 没有书，自己想办法

叶圣陶先生 1946 年曾经写过一篇文章《没有书，自己想办法》，面对当时出版贫弱、学校落后、图书配备窘迫的情况，他给出了这样的回应：各人拿出少数的钱，共同采购各种书志，是一法。有无相通，各人把所有的书志换成没有见过的书志，是一法。协力捐募书志，汇集在一起大家看，又是一法。这些办法是容易想到的，而且早有人行过，不必多说。我们要说的是行这种办法必须有恒心，必须当一件事干。

现在的乡村学校虽然存在种种困难，但是，与叶老描述的情况相比还是好了很多。所以，从校长到老师都应该树立一种信念，没有书要自己想办法。

2. 没有书，自己来创作

到底想什么办法呢？发动师生来汇编图书。把能够搜集到的故事、产品说明书等，按照虚构类、非虚构类进行汇编。发动师生去搜集材料，不同的年级、不同的学科都可以进行整理。如果材料丰富，可以编选画册、童话、神话、实用类文本等不同的分册。

学生和老师参与搜集、整理、确定立意、编辑的全过程，对材料进行筛选，阅读就已经开始了。因为参与了搜集制作的全过程，学生就会格外珍惜，也会把这些书介绍给不同的人，让更多的人可以参与进来。师生带着

“搜集”的意识和眼光，对生活中看到的文字材料都会进行审视，看看能将这些材料编选到哪个部分，可以做到“变废为宝”。

（二）阅读氛围

乡村学校可能会缺少图书馆、阅览室，乡村所处的地域也缺少书店，家庭中缺少图书，更缺少可见的正在阅读的人……社会、学校、家庭、班级都缺少阅读的氛围。书少，读书的人也少，学生看不到书，也看不到阅读行为，没有办法在大脑中构建自己读书的样子。到底该怎么办呢?

1. 营造读书的环境

学校组织师生编选了“图书”，那就把这些书布置在学校中显眼的位置。一是能够让更多的师生看到，二是给创作者以激励，三是为更多的学生提供图书资源。学生可以像在图书馆一样借阅由身边的师生编选的图书。这些书因为是熟悉的人编选的，更贴近他们的需要，他们也更愿意阅读。毕业生离校，以班级或个人为单位，向学校捐赠编选的图书。日积月累，学校的阅读环境就会营造出来，这种氛围是以图书的编选、流动与阅读为主的动态“情境”，而非以书为主的静态“环境”。

2. 开展读书的活动

读书活动的开展，不受时空的限制。学校可以固定晨诵时间，让学生朗读或背诵经典，这些经典也可以由学校师生选编，以当地的文化背景为切入点，符合当地的学情。班级固定读书交流时间，学生可以用朗读的方式交流读了什么，也可以用汇报的方式交流是怎么读书的。教师给予适当的点拨，更多的是给予学生更多支持和鼓励。当学生上学放学的路上也在讨论图书编选和图书阅读的时候，读书活动的目标就完全实现了。

（三）阅读指导

有些乡村学校，教师缺少阅读指导的经验，学生家长多数没有阅读指导的能力，甚至还会认为阅读是课外的行为，会阻止学生读“闲书”。面对这样的困境，可以从以下两个方面进行改变。

1. 提供阅读指导的样例

首先，可以先由学校教学、德育等负责人组织骨干教师搜集以视频为主的阅读指导样例；其次，分年级整理，让不同年级的老师统一观看，作为教研活动的研讨内容；最后，形成本校的阅读指导方案。此外，要发掘本校资源，帮助骨干教师在自我学习的基础上，尝试着在班级内开展阅读指导，供全校教师观摩研讨，让所有教师都具备阅读指导的意识和能力。

2. 降低阅读指导的标准

阅读指导不是对作品的精深解读，而是引导学生在读书实践的基础上交流研讨。从作品解读到阅读实践的阅读指导，会降低对教师的要求，也会让教师从畏难情绪中走出来。学生阅读的重点要转移，从对作品的理解到个人阅读经验的总结。教师根据学生的认知水平和特点进行适当指导。这样的阅读指导就成为一种可能，也为师生的阅读实践指明了方向。

三、乡村学校阅读的推动力

阅读不只是语文教师的职责，每个学科的教师都承担着培养学生阅读能力的职责。校长推动乡村学校阅读，形成以校为本的经验，不断总结提炼，形成本校的阅读课程体系，完善相应的管理机制，为乡村学校的现代化提供实践样例。

（一）完成阅读行为的学科使命

1. 用好教科书

语文教师不能把教科书当作识字课本，数学教师不能把教科书当作算术课本……每个学科的教师都要充分用好教科书，通过阅读教科书培养学生的阅读能力。学生在上课前，要认真阅读教科书，写下自己的收获与困惑，上课的时候提出问题，课上，老师带领大家共同解决问题。

推荐的阅读书目，要尽可能地对应教科书的单元，降低阅读的难度。对应教科书的单元，以单元的知识和经验为基础，再拓展到阅读材料，会加深学生对单元学习的理解，也会拓展学生的思路。阅读，为学生提供更广阔的素养训练场，让学生的阅读理解能力和写作表达能力都得到提升。

2. 读好纸质读物

纸质读物，是学生符号思维的基础。学生要在识码、解码的过程中，发展抽象思维。报纸（时事新闻）、杂志和师生剪辑的内容，都是很好的阅读材料。

读好，就是能够理解读物中的内容，能够在已有知识经验的基础上通过阅读建构意义；读好，就是能够从内容中发现作者的思维方式，能够通过文章的结构，理解作者是如何思考的；读好，就是能够从内容中明确作者的表达方式，通过文章的语言、图表等内容，领悟作者是如何表达自己的观点与主张的。教师要带领学生深入阅读，体会纸质阅读的独特魅力。

3. 管好跨媒介读物

现在智能手机的使用比较普遍，很多农村儿童也有手机，但是，因为各种原因，对手机的管理与合理使用还存在很多困难。跨媒介阅读，已经是这个时代的必需品。如何有效利用手机，开展跨媒介阅读，也成为乡村学校阅读的难题。教师需要改变思维方式，把盲目拒绝变为有效利用。

一是教师推荐阅读。如教师看到的某个社会热点问题，不同的“短视频”是怎么表达的。通过对比分析，建构意义，发现规律。

二是引导讨论。围绕学生关心的话题，对相关的视频材料，进行观看、对比、分析、讨论，引发学生更多的思考。

三是分辨真假。信息时代的便捷性让每个人都可以成为“作者”，面对同一个问题，可以即时发表“言论”。辨别真假，成为跨媒介阅读的基本功。教师可引导学生以思辨的形式进行讨论。

四是学生可以按照专题录制自己的视频。在学科学习中，数学难题如何破解，口头作文怎么完成，诗歌怎么朗读等，学生都可以用多媒体的形式提交作业。面对共同关心的热点话题，学生也可以按照自己的方式进行个性化表达。教师和学生可以阅读、讨论、辨别，让跨媒介阅读与跨媒介表达结合起来，让学生的学习与当下的世界结合起来。

如果学生能像很多专家一样，对专门的问题做出分析和解答，让更多的人看到，他们也会对问题进行更深入的思考。当然，学生是未成年人，他们的隐私需要保护，在学校小的社群里进行，对学生来说会更安全、更便捷。

（二）进行阅读指导的课堂落实

阅读从课外阅读变为课内阅读，需要在学科教学的课堂上进行，变成有结构、有节奏的学习行为，有结构就是有类型化的指导，有节奏就是按照阅读计划有规律地进行。

1. 指导选择阅读图书

阅读是为了什么？一定是为了学生的发展。学生要成为什么人，一是要在阅读中找到人生榜样，二是要为了成为榜样那样的人而去阅读。要成为什么样的人，先要阅读什么样的书，为了个人的人生理想而去阅读。教师要对学生进行指导，一是生涯规划，二是阅读规划。有了两个规划合二为一的计划，根据阅读计划就可以选择读什么书。

2. 指导制订阅读计划

阅读计划是先读什么书，再读什么书，每个阶段需要多长时间去完成，还包括以什么样的方式阅读，最后呈现什么阅读成果。

学生根据选择的阅读材料和个人的时间安排阅读计划。这些阅读计划，最好能够在上课的时候交流，其他同学会提出质疑或建议，然后进行修改。修改之后的阅读计划，张贴在教室内。每位同学每天在阅读计划上标记，大家相互监督，看是否能够完成相应的计划。不能完成的，需要在计划上注明原因。过一段时间，学生要在课上交流计划完成情况，交流执行阅读计划中的经验和困难。

3. 指导养成阅读习惯

学生的计划不能执行，多数是因为阅读本身遇到了困难，比如，读不下去了。读不下去的本质是缺少阅读能力，读不懂了。教师要根据学生的阅读计划，对学生进行个别指导，更应该组织学生开展班级读书交流活动，让学生交流：读了什么？怎么读的？读得怎么样？在阅读指导的过程中，培养学生的阅读能力。在教师指导下，学生的思维习惯和表达习惯逐渐形成，阅读就不再是难事。

（三）营造阅读分享的学校氛围

阅读的氛围需要用活动来营造。因为乡村学校会受各种条件限制，阅读活动的组织开展会有很多困难，那就更需要用静态的环境来保持阅读氛围的即时性和持久性。即时性是指要及时更新，最长的周期是一周，不能让学生期待太久。持久性是指长久传递阅读的信念和方法，学生可以进行自我激励和自主学习。

1. 学校公共区域

学校公共区域是所有学生都可以关注到的。因此，学校公共区域的布置是营造学校阅读氛围的首选之地。这样的区域，可以分享学生的阅读计划、阅读成果、阅读经验。比如，以固定栏目的方式，把各个年级学生在阅读方面的记录展示出来，像执行到位的阅读计划、别出心裁的阅读成果、切己体察的阅读经验都可以。

2. 班级公共区域

班级公共区域是班级对外展示的窗口。对外的公共区域，把班级里的“阅读之星”作为主要的推荐对象，进行系统化推广。阅读之星的人生榜样、阅读书目、阅读计划、阅读成果等，就是阅读行动的典型代表，整个年级的学生都可以看到。向身边的榜样学习，这些榜样更有力量，大家所处的环境有一致性，差别在于行动，这样会激励更多的学生参与到阅读活动中。

3. 班级内区域

班级内的区域是班级文化的重要阵地。班级倡导阅读，可以张贴关于阅读的名人名言。学生以这些名人为榜样，向他们学习，也会以名言为标准，提炼个人的阅读收获。还可以寻找阅读的策略和方法，把这些阅读策略和方法作为知识向学生普及，让更多的学生从方法论的角度来理解阅读，也能尝试运用方法学会阅读。

乡村学校阅读对于促进教育现代化，对教育高质量发展，尤其是对乡村振兴能起到至关重要的作用，能改变乡村的儿童。乡村阅读因为现实条件的限制，也有各种难处，这就需要校长以身作则，充分发挥区位优势，把阅读引向深处。

乡村学校阅读有好处，有难处，更需要让阅读走向深处，这需要校长综合用力，合理统筹，让更多的人参与到推动乡村阅读的活动中来，让更多的乡村儿童能因阅读而变得会思维、善表达，更深刻地体会人生的价值与意义。

第四节　班主任：如何引导学生爱读善读

“打造书香班级　沐浴书香成长”成为未来很长一段时期，学校要持续关注的学习主题。班级作为开展读书活动的最基本的单位，班主任要承担起相应的责任。

一、班主任怎样推动班级阅读

我做过 10 年班主任。其实，从 1998 年开始，我就让我们班的学生自由阅读，把图书馆的书借到教室来，每周有一节阅读课。当然，当时的认识还没有那么深刻，觉得学生自己能读，能交换图书，就非常好了。作为班主任，我们每个人其实都是一个阅读推广人。我们是花婆婆、点灯人、种树人，要把一些美好播种下去，让学生因阅读而成长。

（一）班主任要支持学生阅读

有老师说，我是数学老师，但是我的班里有阅读角。我觉得这是非常好的做法。阅读角的书不管是从学校借的，还是学生从家里拿来的，抑或是从其他渠道来的，有一批书让学生可以看，这是很关键的。我们刚才谈到阅读习惯，学生来到学校后第一时间做什么，每个班是不一样的。我当校长的时候，会去每个班观察。我们学校每个班都有阅读角，学生放下书包就去拿书，这本书可能是他昨天没有看完的，也可能是今天要看的。他可能就在那个角落看，也可能拿到自己桌子上看。但有的班级不是这样，学生来到班级无所适从，问他："你怎么不看看书？"学生说："我们班主任说了，老师不在的时候是不能随便动书的。这其实就是班主任的观念有差别。"

有班主任说不知道怎么指导学生阅读，我觉得这都不是关键，关键是我们要支持阅读这种行为。班主任要安排学生来了之后的空余时间，哪怕只有 5 分钟，你要去体育场上锻炼，如果没有体育老师，你可以在教室里安静地阅读。这是我们学校的一个机制。读教科书行吗？可以。读整本书行吗？也可以。所以，班主任最重要的就是支持，而不是看到学生在读课外书就没收，或者批评学生："你作业写完了吗？你就读书。"我觉得这是第一点，班主任要支持学生阅读。

（二）班主任要鼓励学生阅读

有些学生在课上提前完成了学习任务，这时候对学生最大的奖励就是去读书。他可以自由挑选一本书，用阅读度过接下来的 10 分钟、15 分钟，而不是坐在那里等着老师布置任务。这可以形成一种机制，只要学完了或者完成了老师布置的任务，老师也认同了，学生就可以悄悄去拿一本书，静静地把它打开。我觉得这就是鼓励。

（三）班主任要有阅读行动

请一些爱读书的高年级学生到班级里讲一讲。比如，我们是六年级，可以请一些初中的学生，梳理一些他们的读书经验，给小学弟、小学妹们讲一讲。这是局限在一间教室中可以开展的活动。我们不要想学校没支持我们怎么办，我觉得这是班主任能做的。

从这三个角度，如果我们让孩子形成了前面我们说的习惯，孩子就会进步很大，会发生非常多的变化，甚至有的孩子会来问老师："老师，我应该读什么书？""老师，我这里没读懂。"阅读氛围就会比较浓厚。同时我们也要和科任老师沟通："如果我们班的学生去问你有关阅读的问题，请你一定和颜悦色地对待他们。"解答问题不重要，老师的态度很重要。所以，一定要和各科任老师沟通好，我们的指导方法不一定有多好，对于中小学生来说，方法他们可能自己都能悟到，而情绪、情感，我们的支持、关怀和温暖激励的眼神，才是对他们阅读最大的褒奖。

二、班主任要推荐什么样的书

选书肯定要有标准。尤其作为老师，我们教书育人，育人是有标准的。我想真正的一本好书是有这样几个标准的。

要能读懂。学生翻了 3 页基本就爱上这本书了，说明他能读懂，能读下去。我们成人读书有时候也会出现这样的情况，我读不下去，硬着头皮也读不下去。这是一条标准，要能读懂。

懂我。我们中国的家长或者老师特别爱直接讲道理。我们有很多寓言故事，就是以故事来讲道理。这都是劝人，但是没有人愿意直接听别人生硬的说教。不管是班主任，还是科任老师，学生需要的是我们能懂他。这个懂是什么？是尊重。我讲的内容，你可以接受，也可以不接受。

书不是仅仅用来讲道理的，它可以让学生有知识、有思维、有文化，有审美等。所以，这就要求这本书的内涵要丰富，学生可以从不同角度来阅读。比如，莎士比亚的戏剧《威尼斯商人》，我们可以用汉语阅读，用英语阅读，用戏剧的方式来表演，虽然是同一个文本，但是可以用不同的方式来解读。一本书的内涵本身比较丰富，能让学生读进去，这是我个人认为的一本好书的标准。

现在我们也在推标准，包括课程标准里面也有一些选书的标准，也有行业标准，现在还有分级阅读的标准，我们也有参与。我建议大家去看看各种各样的书目，一个是朱永新老师做的《中国中小学师生学科阅读书目》，他从不同学科的角度来确定书目，中小学都有，给老师推荐了 100 本，给学生推荐了 100 本。

行业里还有很多推荐。我给大家提供一个技巧，**不要看单独的一个书目，要看这些书目的交集，这些书目中共同选了哪些书**，这些书就符合我们说的内涵丰富。同时也回应我们前面说的，书不是读的越多越好，要读经典，读质量好的。虽然我们可能不是这个方面的专家，但是有很多专家在做这件事情。像朱永新老师主持的学科阅读书目，就做了 4 年多，筛选，再筛选，邀请不同专家来论证。虽然最后不一定把所有的好书都选进来了，但是一般选进来的书都很不错。所以，我想大家首先要认同一个行业标准。

另外，**一定要让学生建立起自己的标准**。我说的前面这些都是供老师、班主任来参考的概念式的，后面才是我们操作性的。学生要进行读书交流，班级要建立一个好书标准。比如，那些读漫画的，甚至读那些我们看起来思想内容不是特别有营养的书怎么办？只靠我们老师压、家长压是不行的。我们要在班级里推荐好书，每个人都推荐一本好书，但我们要依据标准来推荐。所以，首先要建立好书的标准，让所有的学生来讨论，比如好玩、有趣等，都可以放进去，然后再归归类。比如，我们最终建立起了 10 条标准，如果一本书只是好玩，可能就会有问题。那么它到底应该符合几条标准？比如，6 条是及格，满足 10 条标准，那这本书就是最好的，最起码要满足 6 条标准。只满足一条刺激、好玩，这本书可能就会被学生说“都不符合好书标准，我再读这样的书，显得我品位不高”。所以，实际上这应该是一个群体审美水平、阅读品位的提升。人要有正确的价值观，我们首先要树立正确的读书观，正确的读物观。

三、以班级为单位，可以开展哪些形式的阅读活动

（一）学生展示自我的活动

阅读只是学习的一端，现在大家都比较强调读写一体。一开始我们也说了，阅读后要进行表达。比如，你读了一本童话集，你要写一篇童话，这实际上对于学生理解作品结构、作品语言、人物塑造等都有加深的作用。当你写了之后，你对作品的理解更深了，同时也能看到自己表达的缺陷，这就是一种交流。这种交流不是作文评比。教师在班级中可以经常组织这样的写故事比赛。我们很多小学老师都会组织讲故事比赛，但是写故事比赛比较少，因为口头表

达比较容易，学生好像投入度也比较高。但是写故事比赛应该成为我们经常组织的活动，我们甚至可以把学生写的故事张贴出来，让家长做评委。

因为小说单元是要写生活故事，其实所谓生活故事也是一个虚构的故事。大家可能会说在小学阶段学生能不能写虚构故事，其实小学生更容易写想象类的虚构故事，让他们写现实类题材，可能表现力还不是那么好。我觉得有意思的活动一定是和学生的交流、表达、自我表现结合在一起的。

（二）能解决阅读“偏食”的问题

我们可以让每个学生挑出一本自己最珍爱的书，拿到学校来。上课的时候，同桌交换书。这就让学生觉得有意思，我辛苦拿了一本很好的书，结果你让我看到了一本别人认为的最好的书。那你有什么感受？基本就三种：第一种，你也觉得非常好，很爱读；第二种，根本读不下去；第三种，凑合着也能读。10 分钟后，我们来讨论：为什么别人喜欢的书你也喜欢？为什么别人那么喜欢的书你不喜欢？后面你们两个互相给对方介绍一下，你为什么喜欢这本书，你建议对方怎么读能喜欢上你喜欢的书。这是比较有意思的。首先，这就把每个学生都变成了老师，学生要想我为什么喜欢这本书，现想也要想出来几条理由。其次，其实也是给自己找了一个老师，让他读了那些如果自己读永远也不会读的书。这是我觉得非常好玩的一个阅读活动。

（三）班主任要协调各科任老师到班里来推荐书

科任老师都要上课怎么推荐？可以录制短视频。班主任可以告诉各科任老师，录个短视频（不超过 3 分钟），推荐一本你所教学科领域中，学生现阶段必读的一本书。这也促进老师去找合适的书。同时，在班主任的课上忽然冒出来那么多老师，学生就觉得非常有趣，会认为老师们都关心阅读，这就是一个有意思的活动。我们可以定期组织，两个月或者半年都没关系，我们告诉搭班的科任老师，我们班每学期要么推荐一次，要么分几次推荐，也给科任老师一个担子，他平时也要留心，也要关注。如果学生说某位老师推荐的那本书不会读，那就再来一个短视频，请老师介绍一下怎么读这本书。

所以，作为班主任，实际就是在协调各种资源。我们要求人办大事，我们的大事是什么？学生的终身发展。那我们去求科任老师就没什么。第一步，我们让科任老师推荐书；第二步，“你推荐的书怎么读？”“学生对你推荐的书有疑惑，我不是这个学科的，我也不了解，你帮着看看。”这就把所有的科任老师都纳入到我们的阅读中来了。这种活动有意思吗？对学生来说有意思，其实对老师来说也有意思。

四、班主任琐事繁多，如何合理安排时间

（一）自主、合作、探究的学习方式

在“2022年版课标”背景下，我们呼唤一种新的教法。过去我们的教法是要么听讲，要么听练，反正就是听老师讲完了以后练。其实这就需要改变，**变成一种合作的、探究式的学习**，让学习更加整合，比如专题的学习、项目式的学习、单元整体学习等。这里不展开讨论，但是我们要说的一点是，一定要整合时间去解决课内的学习，这样才能解放一些时间给阅读。这是大家物理意义上的认识。

（二）阅读本身就是学习的一部分

当我们学习某些类型的文本时，阅读的书就可以插入了。比如，学到童话这个单元，我们就可以带一本《安徒生童话》，为学生创编童话提供参考。如果我们想创作短的，那就模仿课文；如果想创作长的，那就模仿书里面的。这就是“双减”提到的弹性作业、分层作业、个性化作业。同样创编一个童话，写的字数以及情节的曲折程度、人物的多少，这在三年级学生那就有个弹性和个性，可以进行选择。我们不要把阅读和学科教学对立起来，也不要分开，它们实际上是融为一体的。我们学童话单元，实际是为了让学生创编童话，通过创编看学生的理解水平和创作能力。我想这是一个整体，所以从语文的角度要把阅读容纳进来。

如果是数学等理科，大家要注意，这些学科都特别重视思维，但是只靠教科书上那一点特别摆出来的知识，很难形成一个有情境的思维。这个知识是干的，没有水，还原不了真相。而很多书实际上是把一些重要知识背后的这种思维，用更广大的空间呈现，学生读起来更容易理解。另外，我们的阅读也不是局限于一本书。其他学科的老师也应该补充阅读材料。我们做事的时候就要去读，一是读材料，二是要处理材料。我前段时间听了一个专家讲座，有一个很深的感受。符号的阅读让人类的思维得以跃升，我们从形象变得抽象，所以我们的航天才能发展到现在，钢铁才能飞上太空。现在我们需要的是数据思维，数据让我们的思维在抽象的基础上更加抽象。人类的思维如果得到跃升，一定是处理数据。什么是数据？就是占有最大多数的同类型。比如，我们读童话，读 10 篇、100 篇和 1000 篇，可能会有一个量级的变化，对童话的规律把握得很好，我们叫类型化的阅读。数学也是这样的。有一句话叫“没有学不会的学生，只有不会教的老师”。大家都很反对这句话，说这根本不对。当我们从不同的角度给学生提供相应的思维的时候，总有一个能对得上。现在我们只提供了一种，学生可能真的学不会。从这个角度思考，我们怎么把阅读的材料纳入我们的学习进程中来，和我们的学习融为一体，这是现在非常重要的一点。

我们首先要考虑有什么样的阅读材料，然后怎样把阅读材料融入进来，而不是把课时分开。阅读一定不是目的，阅读是一个过程。阅读要解决问题，要么解决我们的个人思想问题，要么解决现实生活问题。所以，当大家把阅读看作是一种解决问题的途径时，班主任就会腾挪出一些空间。班主任作为科任老师，我们把其他学科也纳入进来，就会形成一种聚合效应。如果班主任带头做起来了，学生的思维水平提高了，在其他老师还按照原来的方式上课的时候，学生很快就学会了，那其他科任老师后面肯定也会补充一些材料进来了。

（本篇是与北京景山学校的语文特级教师周群对谈形成的，周老师提出一些问题，我来回答。直播活动结束后，形成此稿。特向周群老师致谢！）

第五节　教师阅读：读别人的书，想自己的事儿

教师的专业特征在于其工作的“实践性”，一位优秀的教师是能把学生教好的。因此，教师专业阅读的品质检验，就是看能否帮教师把学生教得更好。

“KUD”是“追求理解的逆向教学设计”理论中的一部分，“K”表示知道，“U”表示理解，“D”表示做到，知道关乎视野，理解关乎思维，做到关乎能力。教师高品质的阅读应该是“KUD”的和谐统一,三者统一表现出的就是教师的专业素养。

阅读是一种学习行为，是个性化的体验，也是群体性的呼应。在阅读的过程中，总能读到别人，也总能读出自己。孟子说：尽信书不如无书。叔本华曾说：不要让自己的大脑变成别人思想的跑马场。也就是说，阅读不是目的，通过阅读来学习才是目的。对教师而言，阅读是学习的通道，也是专业发展的阶梯。

教师怎样因阅读而促进专业成长？这涉及两个方面。

一、读什么书

读什么书？一定是读经典的书。何谓经典？就是在不同的情境下都能生发意义的书。经典会让教师的行为发生改变，能够从更高的层面看待要做的事情。如，读《庄子》后，当学生之间产生矛盾的时候，当学生的意见与教师不一致的时候，他们就会想一想，不做“蜗角之争”，不与他人论短长，

而应该从更长远的发展的角度看问题。读《庄子》也能让教师更清楚地认识“成绩”与“成长”哪个更重要，能认识“有用”与“无用”的相互交替。让教育回归情境，而不是说教。

二、怎么读书

教师的专业阅读，需要经久耐用，又需要拿来即用。怎么能做到这一点？就需要读别人的书，想自己的事儿。在阅读过程中，要对照书中内容思考自己的教学实践。如，阅读《设计与运用表现性任务——促进学生学习与评估》，作者用大量的国外案例说明表现性任务的设计，几乎没有直接“移植”的可能，甚至连学科学段都对应不上。怎么让这本书和自己的实践建立联系？那就需要“转化”。把书中的案例转化到本学段本学科，以相似的内容进行设计，然后拿到课堂上去运用，看学生是否能理解，是否对学生的学习更有帮助。

更直白一点说，教师要带着自己的教学困惑，有目的地寻找阅读的书，要在书中找现实问题的答案，而不是直接阅读一本书。如，阅读《行动研究方法：全程指导》，带着的问题是自己专业发展中的“困惑”，根据书中的指引，一步步用追问的方式，了解自己困惑的根源。然后，跟随这本书开始收集数据，做出分析，制订自己的行动计划，在教学实践中不断地反思总结，开展新一轮的行动，让阅读成为指引自己教学改进的“加速器”。

教师阅读的结果，不是对先进的教育理念如数家珍，而是能够把教育理念以自己的案例进行注释，表达自己的理解，更应该是能够把先进的教育理念转化为现实中的教育教学行为，让学生受益，这才能体现教师阅读的高品质。

第六节　指导学生阅读的策略与方法

一、怎样培养学生的阅读兴趣

阅读兴趣应该能够分出两个层级：一是浅层次的阅读兴趣，就是对书中的人物和情节的兴趣，或者对某类读物的偏好，如喜欢漫画读物；二是深层次的阅读兴趣，也就是对阅读本身的兴趣，对阅读带来的思维挑战、情感体验的偏好。

小学生的阅读兴趣以浅层次的兴趣为主。小学生的阅读应该从兴趣出发，但是不能始终因为兴趣而阅读。教师应该引导学生形成不同的阅读品位，让学生能够逐渐走向深层次的阅读。

（一）制造亲近书的机会

教室内一定要有书，书架上陈列学生喜欢读的书。有条件的教室，可以专门设置阅读区，阅读区可以放置图书，也可以放与书配套的音频（光盘）等。学生可以安静读书，也可以听书。语文老师一定要通过多种方式和家长达成共识，家里要有一定的图书。如果有条件的家庭一定要有一间书房，没有书房，可以有一个书橱，没有书橱，可以有书架，没有书架，也一定要有书。给孩子提供亲近图书的机会，孩子就会在不经意之间开始阅读。书的质量一定要过关，要经过家长和老师的筛选。图书的藏有量越大，学生产生阅读兴趣的概率就越大。书的质量越高，学生的阅读品位就越高，各类的配套学习资料，基本不能算作图书。

老师和家长选书，一是根据自己的经验；二是参考专业的阅读书目，如，《中国小学生基础阅读书目》，这个书目是由专门的机构，组织各个层面的专家编订的，按照不同的年龄段，这个书目推荐了 30 本基础阅读书目和 70 本推荐阅读书目；三是根据学生的兴趣来选择。很多孩子喜欢漫画，有很多专家反对阅读漫画。其实，漫画对学生而言，阅读起来比较轻松，因为这些读物是以图画为载体，基本不受文字的限制，容易理解，学生看得懂，自然就喜欢阅读。漫画一般都充满幽默感，学生天然地喜欢轻松读物。漫画也有很多种类型，内容暴力的漫画当然不适合学生阅读。漫画只不过是阅读的开始，学生可以先从阅读漫画开始，当爱上阅读的时候，当有足够的图书可以选择的时候，漫画就只是阅读的调味品了。

（二）营造阅读的氛围

在教室内，学生必须有一段时间专门用来读书，可以是语文课的时间，也可以是自习课的时间。

可以想象，在一间教室里，所有的人都捧着一本书读，这就营造了读书的氛围。当所有的人都安静地享受阅读的时候，当学生的思维真正进入书中，他们就会被书吸引，就会喜欢阅读。

在教室里要有大声朗读的机会。教师读给学生听，这是建立阅读兴趣的关键一步。教师挑选情节曲折的故事，读给学生听，在关键处让学生猜测情节发展，预测人物命运。当学生进入故事情境的时候，他们就不满足于老师主导的阅读，自己主动找书读的时候，阅读兴趣就产生了。

每个班级总有几个爱读书的学生，老师可以经常向他们推荐书，然后，在公共场合和他们讨论书的内容，让其他学生尤其是对阅读没有兴趣的学生听到。这样做，无形之中树立了读书的榜样，大家会纷纷效仿。有关调查显示，学生接受同伴推荐图书的比例远远高于教师推荐的，更高于家长推荐的。学生为了能够和同伴有共同语言，就去读相同的书。在一间教室里，这样的“阅读种子”越多，读书的氛围就越好。

（三）打造读书交流的空间

“独学而无友，则孤陋而寡闻。”学生阅读以后，很喜欢交流阅读感受。在教室内，教师尽可能提供机会让学生交流读书感受，交流读书经验，推荐优秀图书。每周，教师应该安排固定的时间，让学生交流读书情况。低年级，让学生讲讲自己的读书故事，讲讲书中的故事。中高年级，让学生自己主持，自己交流，以轻松的方式交流感兴趣的人物、情节、有疑问的地方和获得的读书经验等。

这样的自由交流多了，学生就会产生浓厚的读书兴趣。教师再引导学生做深入的交流，以加深学生对读过的书的印象，也能促进学生思维的发展。

每个班级中，总有不喜欢阅读和阅读有困难的学生。教师要有耐心，他们愿意发言的时候，先给他们机会。他们有自己独特思想的时候，先予以表扬。这样的学生尤其需要教师的鼓励，有时候读书方法的指导意义不大，就应在学生自己有所发现的时候，帮助他们，让他们看到自己的优势，树立阅读信心，梳理阅读经验。当学生读得懂、读得进去的时候，阅读兴趣就有了。

培养阅读兴趣，不是一劳永逸的事情。学生的阅读是有阶段性的，需要教师不断调节，调节读书方式、调节读书时间、调整书目、降低难度等。当学生集体出现阅读“瓶颈”的时候，教师一定要保持平和的心态，在新的阅读平台上，再思考如何推进下一步的阅读。

二、如何在班级形成爱读书的风气

班级读书风气的形成是一个相对漫长的过程，让每一名同学都养成读书的习惯，不是一件容易的事。在班级形成读书风气，绝不是班主任一个人的职责，任何一个学科的老师都应该是阅读的积极倡导者和鼓舞者。学校也应该积极营造阅读氛围。

（一）班主任自己要喜欢读书

班主任喜欢读书，就能够识别好书，在给学生推荐图书的时候，能够游刃有余。班主任因为喜爱阅读而传递出的那种情感能够感染学生，学生会因为老师的热爱，会因为老师的推荐，而去寻找图书阅读，以期和老师有更多的交流。老师工作繁忙，有很多事情要做，但还是要坚持阅读。阅读不仅能让老师及时更新知识，更能让老师在阅读中不断思考，成为一个思考者，这对班级管理和教学有很大的作用。

（二）要读书给学生听

语文老师的首要任务，是能够在教科书以外，找到适合学生的读物。在班级学生还没有养成读书习惯以前，老师要读书给学生听。可以课余时间读，也可以在语文课上读。学生天然地喜欢听故事，老师读故事给学生听，就能够调动学生的积极性，有心的学生会不满足于老师“有限”的朗读，而自己找书来读，先睹为快。任何一个年级都可以从“图画书”开始阅读，选择图画书时，尽可能选那些画面很大、文字很少、能让学生回味的书。比如，《鼠小弟的小背心》系列、《活了 100 万次的猫》、《点》、《小步走路》、《大卫不可以》等。画面大，能够传递比较多的信息，文字少，让那些不喜欢文字阅读的学生慢慢适应阅读节奏。带给人思考和回味的书，能够让学生有所思考，有所收获。

（三）全班同读一本书

学生对读书产生兴趣后，老师就推荐书，保证全班每个人都有相同的一本书。同读一本书的开始，往往是老师要上导读课。同读一本书最初的讨论，老师要参与，要启发学生的想象，让学生的头脑中产生很多疑问，想在书中找到答案。课下，书中的内容也成为学生交流的话题。这样，读书就慢慢成为班级风气。比如，老师让学生读《不老泉》这本书，先让学生讨论世界上有没有长生不老的办法，然后让学生猜测《不老泉》写了什么故事。老师出示书的封面，让学生捕捉信息，印证他们对故事的猜测；老师出示书中开头部分，让学生阅读，了解作者的语言风格；出示整本书的目录，让学生从目录中推断故事的发展，想象故事的情节；出示书中的一个难题——珍妮是选择长生不老，还是像平常人一样死去；出示故事的结尾，让学生猜测结局。一节课的时间，学生便会对这本书充满了好奇。课下他们不但能阅读，而且会自己进行讨论。

每个学科的老师都要重视阅读，在不同的课上都要有读书的环节。学生因为兴趣而产生的阅读，有时会随着一本书的结束而消失。老师就需要不断调整书目，不断调整方式，固定读书时间，保证学生的阅读。

（四）放手自由阅读

在学校这个环境内，所有的东西都应该是经过筛选的，否则，对学生而言，就缺少应有的意义，就和家庭中没有什么差别。教师引领学生同读一本书就是这样选择的结果。但是，学生毕竟是学生，他们更喜欢自己做主，“我的阅读我做主”将是激励学生的重要方式。学校图书馆或者阅览室的图书，应该经过全校语文老师或者图书馆员的筛选，每本书对学生而言，都应该是优质的读物。学生可以在图书馆自由借阅书，可以在阅览室自由阅读，这对他们而言，是一件非常幸福的事情。

（五）班级内的自由讨论

班级里一定要有阅读讨论的时间和空间。教师要舍得拿出语文课的时间和学生进行阅读的讨论。讨论，从学生感兴趣的话题开始，比如，主人公做了什么好玩的事情。教师要能够引导这种讨论，把话题引向深入，比如，主人公为什么会这么想，这么做？如果是你，会怎样做？

教师要时常关注学生读些什么书，然后和他们交谈书中的内容。让学生复述自己读过的书，是一种很好的形式，尤其是在中低年级。教师可以在固定时间，让学生复述故事。这就需要学生真正地阅读，拥有创造性的理解。复述不能过于简单，这样听众不能把握书的细节，缺少真实的感受。复述又不能过于复杂，不着边际，需要教师帮助学生，让他们先抓住故事的框架，然后再复述有意思的细节部分。

此外，教师要组织学生开展优秀图书推荐活动，让学生把读过的书以海报的形式进行推荐。学生制作海报，除了要引用书上的推荐语，还要自己写推荐语，把自己对这本书的理解凝练出来。

（六）多种阅读测试和奖励活动

很多作家一直强调自由阅读，认为把书扔给学生，就可以了，阅读不用教，也不用学，是一件自然而然的事情。有些人一直强调教阅读，并且通过阅读能力测试题测试学生。两种方式各有道理，因为学生不同，阅读能力和阅读方式就天然地存在差异。作为教师，不可能只面对一种学生，因此，教师就要采用多种方式，以使更多学生找到适合自己的阅读方式。

三、如何指导学生的课外阅读并帮助学生养成良好的课外阅读习惯

课外阅读经常被认为是学校以外的阅读，也就是家庭阅读的代名词。还有一种观念认为课外阅读，应该是课堂以外的阅读，就是除了学习教科书以外的阅读。这两种意识，一是学校外的阅读，一是课堂外的阅读。既然是需要指导的阅读，那就必然不能在学校外，也不能在课堂外，应该是在教室之内发生的。应该这样来理解，课外阅读的时间在“课外”，而阅读讨论等在“课内”。

只是停留在家庭层面的自由阅读，是休闲式的阅读，无须指导，学生只要有兴趣阅读就可进行。既然要指导，就一定要讨论课内的部分。

（一）要有书可以读

在学校内，在教室内，教师要营造读书的氛围，要推荐相应的阅读书目，要给学生一定的读书任务，学生在上课以外的时间进行阅读。学生课外的自由阅读，是在学生兴趣的基础上，根据教师和同伴的影响而进行的，读

书时间更宽松，更自由。

（二）一定要重视读书的姿势和习惯

在教室内，在教师的不断督促下，仍有不少学生读书姿势不正确。目前还没有读书姿势与阅读质量之间的关系的相关研究成果。但是，阅读姿势与学生视力还是有关系的。因此，让学生保持良好的阅读姿势，养成良好的阅读习惯，是教师应该重视的。要让学生知道如何保护自己的视力，阅读间隙要注意休息。这些看起来好像和阅读没有太大关系，但是，关系到学生的身体健康，也关系到学生的心理健康。

（三）给学生推荐一定的阅读方法

课内阅读习得方法，课外阅读不断演练，形成习惯，发展能力。每个学生的性格不同，阅读的方法也不尽相同，教师可推荐读书方法供学生选择。读书的方法，不能一概而论，教师还要有意识地教给学生不同文体的阅读方法。不同的文体可以有不同的阅读方法。

（四）要在课内组织读书交流活动

读书讨论会是阅读的出口。如果说阅读是提取信息，开启思考，那么讨论就是交流信息，加深思考。宽松的交流氛围，容易让学生发表自己的观点。课外阅读有时可能是浅层次的，通过交流，学生能够加深理解，也能够获得动力。讨论是培养专注阅读的手段。交流开始时，只是信息的呼唤，逐渐应该演变成思想的交锋。学生应该能够参与进来，比如，学生对同伴的问题进行回应，说出他们是否同意某观点以及为什么同意，重述或者质疑他人说不清楚的地方。

（五）引导学生制订读书计划并遵照执行

现在出版的图书林林总总，阅读也要有所选择。教师要能够时刻用自己的好观点影响学生。比如，可以进行什么样的书是一本好书的讨论。有趣、幽默、有思想，能带给人思考，能够触动心灵，给人留下深刻印象等。根据这样的选择标准，让学生制订自己的读书计划。这份计划应该包括：读什么书，在什么时间读。学生在固定的时间读书是一个很好的阅读习惯，但是，这个习惯的养成不是一朝一夕的事情。教师和家长要共同帮助学生养成这样的习惯，但是，不能够强求，只可以提示，因为阅读毕竟是学生自己的事情。家长在学生自主阅读的时候可给予表扬。教师在班级内开展读书计划执行情况的交流，在班级内形成一种主动阅读的氛围。

（六）组织学生进行学期读书回顾

阅读对学生而言是一件快乐的事情，在享受阅读的过程中，学生往往会忘记整理和记录。教师要让学生养成整理的习惯，就是定期组织读书回顾。学期结束时让学生填写读书回顾表。表中可设置如下问题：（1）你对阅读的态度是什么？（2）估计一下，你上学期主动看了几本书？（3）这学期，你看了几本书？（4）你对这样的阅读量有什么感觉？（5）你达到老师提出的阅读要求了吗？如果没有，请说明。（6）你觉得这学期看过的书里，哪一本最好看？为什么？（7）你计划以后要阅读哪些主题和作者的书？（8）关于阅读，有没有什么你希望这学期能够学到，但没有学到的？（9）你能够给其他同学什么阅读建议？（10）如果让你来设计班级图书馆的书籍分类和借书程序，你会怎么做，让大家更方便借阅？学生回答以上问题，就是对一学期阅读情况的梳理，以及对今后阅读的思考。

学生良好阅读习惯的养成，除了家庭和学校两方面的努力，更要唤醒学生自身的力量。“阅读是孩子最重要的天赋”，要帮助孩子把天赋才能发挥出来。在学生已经养成阅读习惯的同时，我们要注意放手，尽量让学生自主选择阅读书目，选择阅读方式，选择交流方式。教师只不过是一个阅读同伴，真正的阅读者还是学生，并且很重要的一点是，学生只有在自主的阅读中才能学会阅读。

四、阅读方法主要有哪些及怎样培养学生运用不同的阅读方法

“阅读方法”是个很难的命题，很多人说读书没有方法，也有西方学者把读书细化为脑科学，阅读时，能够测试出大脑不同部分的“热点”(反应区)。理性地说，阅读肯定是有方法的，这个方法是介于“阅读经验”和“阅读能力”之间的。阅读方法，有时是共性的，有时是个性的。我们不妨再说得远一点，阅读的主要功能是什么？阅读是为了“理解”。抓住阅读理解这个核心，才能够谈论阅读方法，因为阅读方法常常和阅读方式、阅读习惯、阅读经验、阅读能力纠缠在一起。比如，中国有很多读书方法，“不动笔墨不读书”应该是推行最广的阅读方法了。但是，我们可以看一看，“动笔墨”是一种阅读方式，边读边标记，或者写下自己的阅读感受，而写下来的“阅读感受”是怎么来的，才是阅读方法。而阅读感受往往又和个人相关，具体又没有什么方法可言。

再如，朱熹的“朱子读书法”所列六种方法：循序渐进、熟读精思、虚心涵泳、切己体察、着紧用力、居敬持志。该读书法是我国古代最系统的读书法，集古代读书法之大成，值得认真研究和参考。

下面介绍几种读书法供参考。

（一）循环读书法

循环读书法是学生比较容易忽略的方法，有的学生甚至读过一遍书就不愿意再读。“温故而知新”是循环读书法最好的注脚，过一段时间再读，会有不同的感受，会获得新的体验。低年级学生更喜欢循环读书法，低年级阅读书中就充满很多重复的情节和句段，这就是根据学生的年龄特点设计的。学生喜欢相似的情节，重复的话语，他们会跟着模仿。让低年级学生重复阅读，会带给学生阅读的快乐和信心。当然，重复读的时候，要提出更高的读书要求，或者交流更深层次的问题。比如，读第一遍的时候只是推测故事情节，读第二遍的时候就让学生说说故事为什么会这样发展，读第三遍的时候就让学生就书中内容发表自己的观点。

（二）精品阅读法

阅读的意义在于思考，而思考凭借的是精读。精读对学生阅读能力的提升能起到重要的作用，也是学习阅读的关键方法。浏览是精读的前奏，浏览的作用是整体了解，粗知大意，然后确定主攻的方向。

精读的方法要有四个步骤：提问、细读、求解、复述。

浏览一本书或者一个章节以后，引导学生提出问题，也可以由教师提出问题，然后进行讨论。让学生把自己的疑问说出来，这是读书的重要一步。有的学生会掩盖自己的疑惑，教师要用尽可能宽松的氛围，让所有学生提出他们的问题，然后进行解答和梳理，慢慢教会学生提问题。最后，有价值且具有思考意义的问题可以留下来。

怎么解决这些问题呢？这就需要细读，需要到书中的具体章节甚至语句中寻找信息，获得答案。细读是精读的核心，教师需要引领学生发现细微之处。如，读完《亲爱的汉修先生》后，教师出示，“电话铃响了。妈妈正在洗头，她叫我去接。是爸爸打来的。我的胃忽然变得很沉重，好像要垂到地上了。我每次听到他的声音就有这种感觉”。问道：鲍雷伊为什么听到爸爸的声音，胃就像要垂到地上呢？学生就会再去细读书中其他部分。

求解，除了个人细读和思考以外，需要大家讨论，可以是多人，也可以是两个人。在阅读思考基础上的交流，会激发人的灵感，有时候答案会一下子跳出来。学生会在和老师及同伴的交流讨论中，获得自己的答案。

复述是一项重要的阅读能力。学生能够复述，就说明他们理解了，而且化为了自己的思考和语言。这时候，阅读的意义也就真正实现了。

（三）快速阅读法

现在是一个资讯时代，没有快速阅读的本领很难获取有价值的信息。快速阅读不仅是时间长短的要求，更是对获取主要信息的能力的训练。

快速阅读，需要克服几个障碍：一是字词障碍，不要被个别不认识的字词困住；二是注意力不集中的障碍，这往往影响到对字面信息的判断和反应；

三是逐字阅读的障碍。

所以，快速阅读是需要教师不断训练学生的，不但对阅读能力的提升有好处，对保持学生的注意力也有好处，学生的注意力集中了，很多事情都能做好。教师先要训练学生的注意力，可以采用计时的方式，让学生在1分钟内阅读多少字，然后回答问题，以后扩展为2分钟、3分钟。再就是训练学生的视觉反应能力。很多小学生喜欢出声读，这是快速阅读最大的敌人，因此，要训练学生目光和头脑的共同反应，扩大学生的视觉区域。

快速阅读可以有这样几个技巧：默读、抓住标题信息、把握情节的发展脉络、开头与结尾重点读。这几个技巧有时候不是单独使用，需要几个方面联动，才能够真正实现快速阅读。

（四）笔记读书法

笔记读书法是中国人喜欢的读书法，这种读书法把读书与思考有机融合在一起，有时候和表达也结合在一起。

笔记读书法分为六种：圈点笔记、批语笔记、提纲笔记、心得笔记、质疑笔记、综述笔记。

圈点笔记，就是在阅读的时候，在书中词句段上做上相应的标记，表达自己对这些句段特殊的感受，即认为写得好，能够与作者产生共鸣的地方，是读者对作者意图的认同与理解。

批语笔记，是在读书的过程中，不但画出相关句段，而且在旁边写下自己的想法和看法。可以是对书中内容的看法，或者补充自己的观点，也可以写对自己的启发。《脂砚斋批评石头记》就是典型的批语式的阅读。

提纲笔记，是读完一本书后，以回忆的方式，把书的内容框架列出来，表达自己的理解。这种方法看似简单，其实很难，难在需要对整本书或者一个章节的内容进行梳理，筛选主要信息，列出结构。这种读书方法对学生学习教科书很重要。

心得笔记，一般是读书以后，在笔记本上写下自己的感受，这就是传统意义上的“读书笔记”了。学生写读书笔记往往贪多求全而没有重点。教师要引导学生一篇一议，比如，就写书中某个人，就写书中某件事，先把单方面的写好。读书笔记不是重复书中的内容，更多的是展示自己的思考，发表自己的观点。

质疑笔记，可以写得长一点，对书中内容有不同的观点，或者有和作者商榷的地方，适合写这样的笔记。学生可以查阅其他资料证明自己的观点，可以从生活实际出发批评作者的观点。这种笔记，可以培养学生的批判思维，也能够让他们的表达能力得到提高。

综述笔记，是指以综述的方式来写笔记。读一本书的心路历程、讨论经过、收获与困惑等，都可以记下来，为自己留存资料。综述笔记在高年级还可以有更好的用处，就是读完一个作家的多部作品，或者读完同一个主题不同作家的作品后来写作，比如，读完林格伦的《长袜子皮皮》《疯丫头马迪根》《小飞人卡尔松》等作品，让学生来写林格伦作品中人物的特点，分析林格伦语言的特点。当然这些都要在充分阅读和讨论的基础上进行。

（五）放映读书法和边听边读法

放映读书法就是不凭借书，而凭借记忆，在头脑中想象，让自己进入一种境界。这种读书法，可以用在教科书学习上。学生每天学完以后，逐科回忆今天学了什么，在头脑中放映是怎么学的，学会了没有。这种方法，容易让学生养成思考的习惯、反思的习惯。思考是阅读的核心，掌握这个核心，学生即使手边没有书，也能够“反刍”，书中的营养就会进入学生的血液，学生最终会成为会思考的人。

边听边读法对一些有阅读障碍的孩子会有帮助。阅读障碍之一，就是不喜欢阅读，有些孩子不喜欢文字的阅读，所以就不会阅读。但是，多数孩子喜欢听故事，听也是一种阅读的方式。先让孩子听故事，唤起其对读书的兴趣；然后，让孩子读有配套音频的读物，边读文字书边听音频，这样孩子会慢慢进入书的情境，文字对他们而言变得不再那么可怕。

阅读的方法有很多，要因人而异，也要不断发展变化。

本章小结

要点提炼

1. 组织就是指人们为实现一定的目标，互相协作结合而成的集体或团体。学校作为教书育人的基层组织单位，对青少年读书负有不可推卸的责任，也有得天独厚的组织优势。

2. 文字是人类智能发展的基石，阅读是人类智能发展的主要活动。文字出现很多年以后，阅读才变得普遍，于是整个社会获得了巨大进步。阅读，改变了人类的思维水平和表达方式，让大脑能进行更加抽象的思考，可以想象“不存在”的宏观世界或“看不见”的微观世界。

3. 乡村学校作为中国教育的重要组成部分，理应抓住契机，开辟新赛道新领域，激发新动能新优势，改变乡村学校的阅读现状，为乡村儿童的发展蓄力。乡村学校的校长，作为新乡贤的代表，应努力做到“知行合一”，把良知与善行合二为一，以推动当地文化素养提升为己任；结合新时代教育的特点，因地制宜，立足乡村学校实际，培养乡村儿童的阅读习惯，促进乡村儿童阅读能力的提升；不仅让乡村儿童读好书，让更多乡村孩子爱读书、会读书、善读书，还能以儿童的阅读带动家庭的阅读，促进区域的发展。在此过程中，校长对乡村学校阅读的理解力与推动力都是事情成败的关键要素。

4. 阅读一定不是目的，而是一个过程。阅读要解决问题，要么解决我们的个人思想问题，要么解决现实生活问题。所以，当大家把阅读看作是一种解决问题的途径时，班主任就会腾挪出一些空间。班主任作为科任老师，我们把其他学科也纳入进来，就会形成一种聚合效应。

5. 教师的专业阅读，需要经久耐用，又需要拿来即用。怎么能做到这一点？就需要读别人的书，想自己的事儿。在阅读过程中，要对照书中内容思考自己的教学实践。

6. 理性地说，阅读肯定是有方法的，这个方法是介于“阅读经验”和“阅读能力”之间的。阅读的方法，有时是共性的，有时是个性的。我们不妨再说得远一点，阅读的主要功能是什么？阅读是为了“理解”。抓住阅读理解这个核心，才能够谈论阅读方法，因为阅读方法常常和阅读方式、阅读习惯、阅读经验、阅读能力纠缠在一起。

阅读思考

1. 有组织的阅读是学生个性化阅读的对立面吗？在学校为什么要进行有组织的阅读？

2. 如果你是一所学校的校长，你会怎样安排各个岗位的人推进青少年读书行动？

3. 指导学生阅读一直是个难题，指导多了，学生没有个人阅读的空间，指导少了，学生不能读懂、读深，如何进行适当的阅读指导？

阅读行动

1. 在推进学校阅读的过程中，受限制的基本是两个条件：

一是没有图书馆、阅览室，甚至没有书；

二是没有可以指导学生进行阅读的师资力量。

你如果作为学校的管理者，在学校推进青少年读书行动中，最大的难题是什么？有什么方法可以解决这个难题？写出你的解决途径。

2. 班主任工作往往千头万绪，如果你是一名班主任，在你所在的班级是否能够推动学生阅读？写出一项你认为最有效的举措。

3. 作为科任教师，教书育人已经很累了，是否还需要把学科阅读与学科教学结合起来，你认为二者是否可以结合？拿出一条可以实施的举措。

后 记

《小学读整本书教学实施方略》由华东师范大学出版社“大夏书系”出版。自2020年4月出版以来，4年多的时间印刷13次，印数31100册。我也总能看到有学校或名师工作室在共读这本书。也许一线教师更需要教学实录把大家带入教学场景，更好地思考如何解决现实问题。

微信读书中有《小学读整本教学实施方略》这本书，有50多人点评，微信读书推荐值：84.7%。其中，有一条留言：“很多遗憾吧！这其实是很多一线教师出书的常态，教学实录过多！理论阐述不完整。”这条留言的作者认为这本书“一般”，当然还有认为这本书“不行”的，我没有看到留言。这条留言，我看了很多遍，深深地印在我的脑海里，我甚至多次返回微信读书再去看这条留言。这条留言，让我反思，究竟应该呈现一本怎样的书给一线的读者。从反思开始时，我就在谋划下一本书应该出什么样的。

重印的数量和一线教师的反馈终究抵不过“理论阐述不完整”的力量，这让我思考如何建构整本书阅读教学的理论与实践体系。我向刊物投稿的时候，就有意识地让自己写的文章理论化程度再高一点。

多年在一线教学的经历，让我更关注老师们需要什么。解决问题的意识强，解决问题的经验比较多，但解释问题的机会比较少，解释问题的能力很弱。虽然读了教育博士后有所改观，但是，我提炼概括，进行理论化的能力仍然明显不足。

整理这部书稿的时间不是很长，这部书稿多数从已发表的文稿中整理出来，进行了重新的架构，在框架体系和结构安排上努力做了一些完善，以期能有比较明晰的框架。在整理的过程中，首都师范大学的研究生井维薇同学做了大量的工作。本来还有一部分书稿是写给家长的，因为总体风格不一致，还是忍痛删去了。

本书前言部分“从知识储备走向素养训练”，是本书的基本立论，整本书围绕此论点展开。主要内容分为四章。第一章是整本书阅读教学理念，从历史、现在、未来三个角度对整本书阅读教学的理念进行梳理，希望能够为读者建立相对立体的时空观念，带领读者思考整本书阅读教学的实践应用场景。第二章是整本书阅读教学设计，基于“2022 年版课标”，对整本书阅读学习任务群的相关要求进行了剖析，以学习任务群的理念为指导，如何进行整本书阅读教学设计。此部分基于第一章的理念，是观点的实践化，又基于“2022 年版课标”，与国家的要求保持一致，是课程理念的实践化。第三章是整本书阅读教学案例，前三节是对上过的课进行分析，阐述每节课的立场；后三节是基于整本书阅读学习任务群进行的整本书阅读教学设计，重点写清楚了设计说明，即新课程理念的实践化过程。第四章是整本书阅读教学的学校行动，基于青少年学生读书行动的要求，把整本书阅读教学作为主要的途径，从学校、校长、班主任、教师等角度说明了其在学校场景中如何应用。

虽然一直有这样的一种力量在指引，努力让理论阐述更完整，更清晰，但是，因为力所不及，仍然没有达到读者的期望。

进步总是一点一滴的，是一小步一小步完成的，理念与实践之间至少有 3 年的时间落差。

下一本关于整本书阅读教学的书稿已经基本想好，在我的硕士论文《叶圣陶“读整本书”思想研究》的基础上，进行史论结合的理论阐释。希望这种阐述也是为一线教学服务，能够贴近读者。更好的书，总是下一本，这也让平淡的生活总是充满期待——读者和作者共同的期待。

写落款日期的时候才发现，已经是第 40 个教师节了，距《小学读整本书教学实施方略》交稿正好 5 年，没想到 5 年的时间如此之快。时光如白驹过隙，我从事教育工作也已经 32 年。“五十而知天命”的我，此生无非读书、教书、写书，这是我的使命，一定尽心竭力地完成。不知何时能达到孔子“发愤忘食，乐以忘忧，不知老之将至”的境界。也与读者诸君共勉。

李怀源

2024 年 9 月 10 日